栄東高等学校

SAKAE HIGASHI

SCHOOL GUIDE

SENIOR HIGH SCHOOL

全国学生美術展 最高位賞!!

国際地学オリンピック
参加34か国→銀メダル
文部科学大臣表彰!!

最年少!! 15歳
行政書士試験合格

全国鉄道模型コンテスト
理事長特別賞!!

東京オリンピック第４位!!
アーティスティック スイミング

チアダンス
東日本大会優勝!!

栄東の誇るサメ博士
サンシャインでトークショー

栄東のクイズ王
東大王 全国大会 日本一!!

産経国際書展 U23大賞!!

〒337-0054 埼玉県さいたま市見沼区砂町2-77（JR東大宮駅西口 徒歩８分）

◆アドミッションセンター TEL：048-666-9288 FAX：048-652-5811

CONTENTS

Success 15 2

https://success.waseda-ac.net/

サクセス15
February 2023

Regulars

Special School Selection

東京都 練馬区 男子校

早稲田大学《わせだだいがく》高等学院

なにごとにも主体的に臨み 自らの道を切り開いていく

生徒の知的好奇心・探究心を刺激する多彩な学びを用意する早稲田大学高等学院。生徒は様々な場面で、自ら考え行動することの大切さを学び、将来につながる力を身につけていきます。

覚悟を持って力強く歩んでほしい

早稲田大学高等学院（以下、早大高等学院）は、１９２０年に旧制早稲田大学早稲田高等学院として設置されました。早稲田大学（以下、早稲田大）の附属校であり、同大学が掲げる３つの教旨「学問の独立」「学問の活用」「模範国民の造就」に則った教育を展開しています。

この３つの教旨を早大高等学院では「知的好奇心（Curiosity）を旺盛にして自ら進んで学び、学びを活かし失敗を恐れずに勇気（Courage）をもって挑戦し、自らが犠牲になることをいとわず世界に貢献（Contribution）する」と解釈し、「早稲田スピリット」として生徒に伝えています。この考えを基盤としてめざされているのが「地球規模で考え行動する人材」の育成です。

武沢《たけざわ》 護《まもる》 学院長先生

武沢護学院長先生は「生徒には入学直後に、本学院で学校生活を送るためには、『ひとつの覚悟』が必要だと伝えています。条件を満たせば早稲田大に推薦入学できることから、多くの高校生が経験する大学受験という区切りはありません。ですから、自身で目標を定

School data

所在地：東京都練馬区上石神井3-31-1
アクセス：西武新宿線「上石神井駅」徒歩7分
生徒数：男子のみ1440名
ＴＥＬ：03-5991-4210
ＵＲＬ：https://www.waseda.jp/school/shs/

- ３学期制
- 週６日制
- 月～金６時限、土４時限
- 50分授業
- １学年12クラス
- １クラス約40名

めながら過ごす覚悟が求められるのです」と話されます。

このことは生徒も実感しており、以前中央幹事長（他校でいう生徒会長）を務めていた生徒は、早大高等学院での生活を「ゲーム」に例えたといいます。

「『ゲーム機の電源を入れて、なにもしない人間はいないだろう。なぜなら、それではすぐにゲームオーバーになってしまうから……。攻略術を駆使し、アイテムをゲットし、より高いレベルに挑戦する、それこそがゲームの醍醐味である。早大高等学院での3年間も同じだ』と入学式で新入生に伝えていました。受験にあたっては周囲のサポートも大きかったと思います。そのことに感謝しつつ、入学後は先輩の言葉通り、自身の足で力強く歩んでいってください」（武沢学院長先生）

生徒同士が互いを尊重しあう雰囲気

早大高等学院は1学年約480人で、そのうち120人は早稲田大学高等学院中学部からの入学生（中入生）です。

「中入生は高校受験がない分、その時間を好きな教科の勉強や興味のあることに使っているので、特定の分野において豊富な知識を持っている生徒が多いです。一方、高校受験を経て入学してくる高入生は、中学時代に生徒会長や部活動で部長を務めていた生徒が多く、リーダーシップがあると感じています。このように異なる特性を持った生徒が集まっていて、互いを尊重しあう雰囲気があるのが本学院の特徴です」と笑顔で語る武沢学院長先生。

中入生と高入生の親睦を深めるための大きな役割を担っているのが、高1の5月に実施されるオリエンテーション合宿です。富士山に登って汗を流したり、ビブリオバトルをしてプレゼンテーション力を磨いたりと、様々なレクリエーションをしながら2泊3日を過ごします。

仲間との友情

互いの個性を認めあう雰囲気のなか、ともに学び、語らいながら友情を育んでいきます。

早大高等学院では3年間クラス替えがないこともあり、クラスメイトとは長い時間をかけて友情を育んでいくことができます。もちろん他クラスの生徒とも、学校行事や部活動、そしてクラスの枠を越えた取り組みで交流を図ることが可能です。

また宿泊行事は高3でも実施されます。クラスに関係なくグループを作り、テーマに沿った探究学習を行います。行き先は3カ所ほど示され、生徒が自ら選択する形です。

知的好奇心・探究心を育む多彩な学びの数々

探究学習以外にも、早大高等学院には、多彩な学びの数々が用意されています。日々の授業では、大学での学びや将来につながる知識を身につけることはもちろん、知的好奇心や知的探究心を育むことが意識されています。

第二外国語が必修とされているのもその一例です。フランス語、ロシア語、中国語、ドイツ語から1言語を選んで3年間学びます。提携を結んでいる8つの国の計12の機関に留学し、学んだ成果を発揮することも可能です。コロナ禍においても、提携校とはオンラインでディスカッションを行うなど交流を続けています。さらに、実際に現地に赴く海外研修も2023年春から再開予定です。

「彼らが卒業後に活躍する場は、日本、そして英語圏だけに限りません。ですから、複数の言語を学ぶことは、将来の可能性を広げる

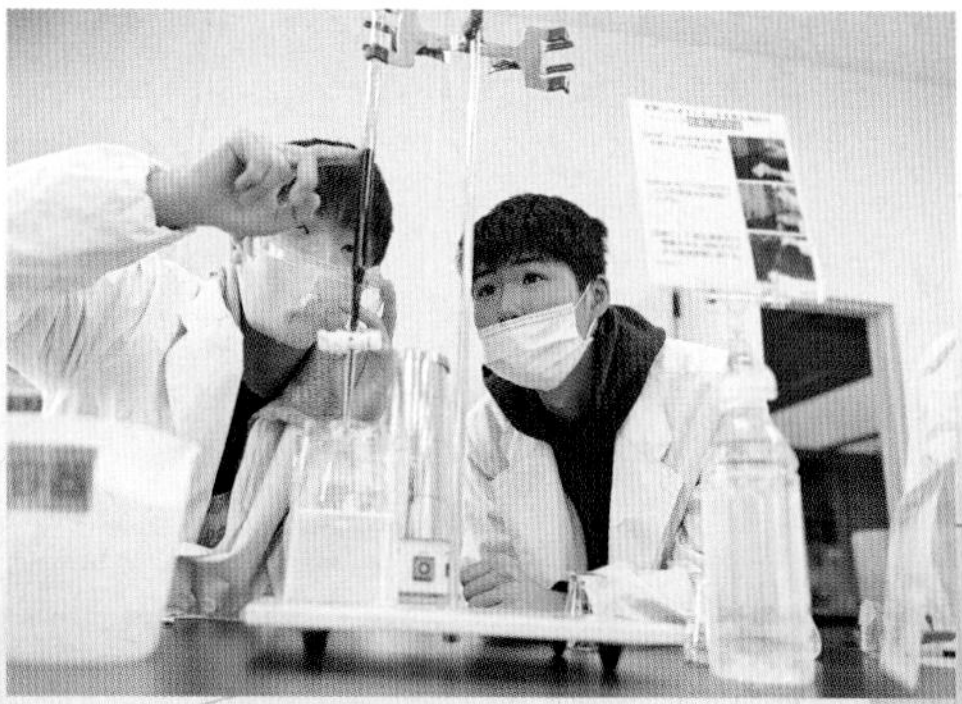

ことにもつながると思います」（武沢学院長先生）

高2からは文系・理系に分かれますが、進路にかかわらず全員がプログラミングに挑戦。授業を担当されている武沢学院長先生は「コロナ禍で休校になった際、生徒が自宅で学習するための動画を作りました。動画であれば苦手な生徒は繰り返し何度もといった形で自由に見ることができます。好評だったので、対面授業が再開した現在も引き続き活用しています」と話されます。

高2・高3では、進路に合わせた選択科目のほか、「論文のための文章講座」「グローバルビジネス入門」「建築素描《そびょう》」「演劇ワークショップ」「食品科学」といった多彩な講座が用意されているのも特徴です。

そして、早大高等学院を語るうえで忘れてはならない取り組みが卒業研究（2022年度入学生までは卒業論文）です。高2でデータの分析方法、引用文献の記載方法など、研究を行い論文を執筆するためのスキルを学びます。そのうえで、高3では生徒個々の自由な発想に基づいた研究作品を仕上げていくのです。

なお、卒業研究は、日ごろの学びの成果を発表する学芸発表会で下級生に向けて披露されます。上級生の研究作品を見て、下級生は自分も翌年、独自のものを仕上げようと熱が入ります。

授業以外にも模擬裁判に挑戦したり環境問題について学んだりするプロジェクト活動があり、自由

多彩な学び

大学での学びに必要な知識とともに、語学力やプレゼンテーション力といった様々な力を身につけていきます。

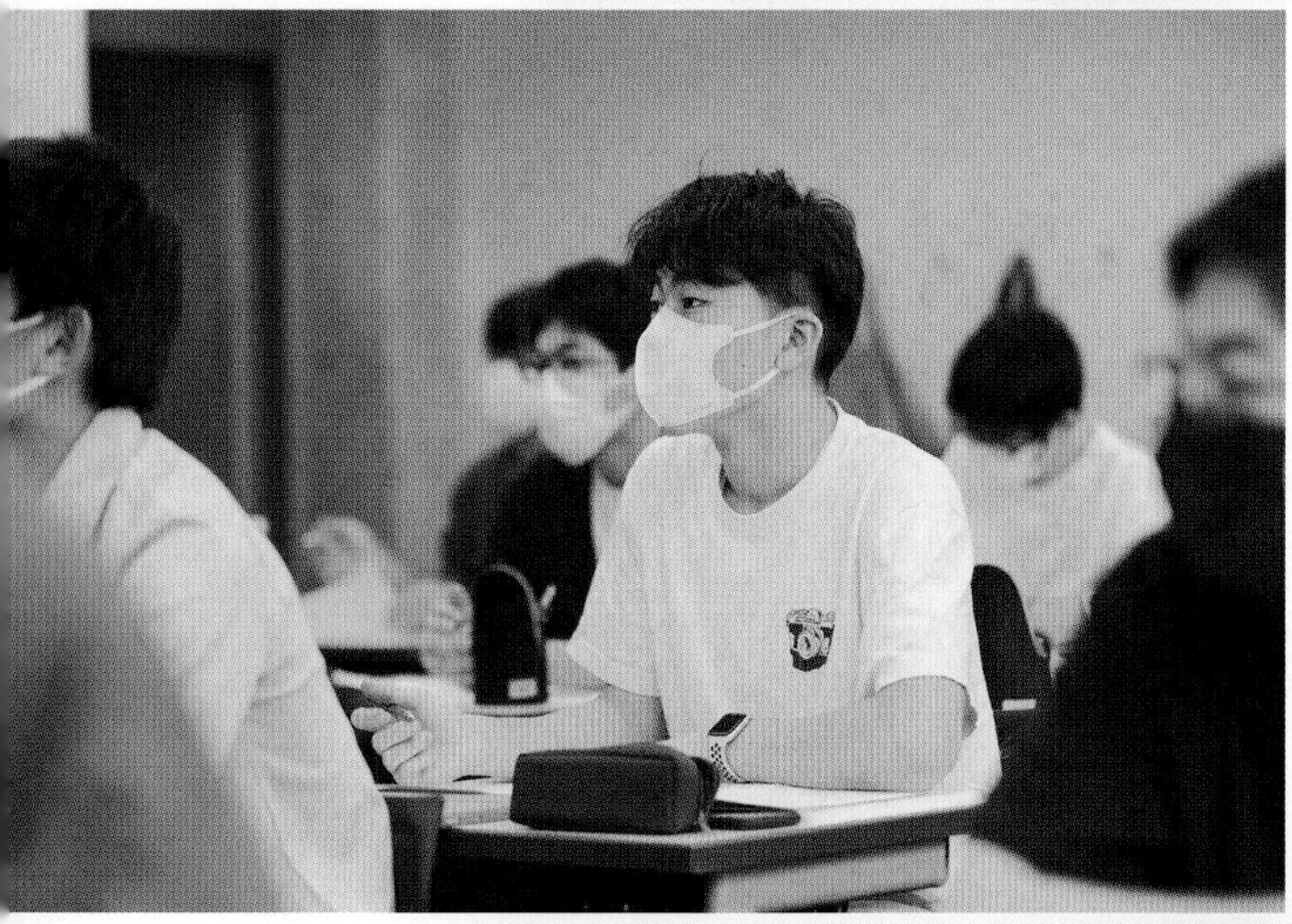

に参加することが可能です。

試行錯誤する経験が生徒を成長させる

早大高等学院生は、学院祭（文化祭）をはじめとした学校行事にも自ら目標を立て努力する姿勢で臨んでいます。

2022年度の学院祭は、3年ぶりに、外部の来場者も招く一般公開の形で行われました。テーマを「NEW ERA（新時代）」とし、感染対策も含め、生徒が試行錯誤しながら実現させました。鉄道のジオラマを展示した鉄道研究部、教室内にジェットコースターを作った団体と、どの団体も来場者を楽しませるために、一生懸命に取り組んだそうです。

「大きな問題もなく無事に終えることができて、実行委員長の生徒は涙していましたね。それだけ大変だったのだと思いますし、やりきったという達成感もあったのでしょう。自分たちの力でなにかを成し遂げる経験は、生徒に大きな成長をもたらします。ときには失敗することもあるかもしれません。しかし、そのなかで周りの人間と協働する力やリーダーシップが磨かれていくのです。これらの力は机に向かっているだけでは身につかないでしょう。教員が知識を与え、導くばかりではなく、生徒が自ら考え行動する機会を用意することは、学校の大切な役割だと考えています」と武沢学院長先生は話されます。

より早い段階から将来について考える

将来に向け、多彩な力を身につけることができる早大高等学院。附属校として早稲田大との連携プログラムも実施されており、同大学の講義を体験したり、研究室を訪問したりする機会が用意されています。

「進学後にミスマッチを起こさないためには、各学部での学びをよく知っておくことが必要だと思います。また、卒業生の話を聞く進

部活動

体育部門、文化部門合わせて50を超える部が用意されています。ここで紹介する以外にも、ボート部やヨット部、物化生地の4班がある理科部、ジャグリング部など様々な部があります。

空手部

弓道部

フェンシング部

剣道部

フォークソング部

路講演会もあります。弁護士、起業した方、もちろん一般企業も含め、様々な職業に就いている卒業生から色々な話を聞いて、今後のキャリアについて思いをめぐらすきっかけを与えています。

これまでこうしたプログラムは高3で実施していました。しかし、より早い段階から自分と向きあい将来について検討できるよう、現中3のみなさんからは高2で行うこととしました」（武沢学院長先生）

なお、日本医科大学への推薦入学制度もあり、2022年春の卒業生は2人が進学しました。

生徒の自主性を大切にしながら、多種多様な学びの機会を提供する早大高等学院。生徒も同学院だからこその3年間を送ろうと日々色々なことに挑戦しています。様々な体験を通じて、自らを高めていきたいと考えるみなさんに最適の学校といえるでしょう。

最後に武沢学院長先生は「自分が進むべき道を、自ら切り開いていく、そうした力を身につけることが重要なのだと思います。そして自らを犠牲にしてでも、社会に貢献しようとする『早稲田スピリット』を忘れないでほしいです。それぞれの場所で、それぞれの方法で、社会に貢献できる人になりましょう」と笑顔で語ってくださいました。

学院祭

2022年度の学院祭（文化祭）は、感染対策を徹底し、2万人を超える来場者を迎えて行われました。テーマ「NEW ERA（新時代）」に、コロナ禍を乗り越えようという早大高等学院生の熱い思いが感じられます。

施設

12万冊の蔵書がそろう図書室、1500人を収容する講堂のほか、フィットネスルームやゴルフ練習場などの運動施設も充実しています。

フィットネスルーム

ゴルフ練習場

講堂

図書室

■2022年3月卒業生　早稲田大学進学状況

学　部	進学者数
政治経済学部	110
法学部	76
文化構想学部	22
文学部	12
教育学部	13
商学部	45
基幹理工学部	56
創造理工学部	58
先進理工学部	32
社会科学部	30
人間科学部	3
スポーツ科学部	2
国際教養学部	15

写真提供：早稲田大学高等学院

その研究が未来を拓く

研究室にズームイン

乾燥地の砂漠化に緑化で立ち向かう

鳥取大学乾燥地研究センター　山中《やまなか》典和《のりかず》教授

日本には数多くの研究所・研究室があり、そこではみなさんの知的好奇心を刺激するような様々な研究が行われています。このコーナーではそんな研究所・研究室での取り組みや施設の様子を紹介していきます。今回は鳥取大学乾燥地研究センターの砂漠化対処領域に所属する山中典和教授の研究についてお伝えします。

画像提供：山中典和教授

クブチ砂漠（中国）

山中《やまなか》 典和《のりかず》

京都大学大学院農学研究科博士後期課程修了、京都大学農学部附属演習林助手、鳥取大学乾燥地研究センター准教授を経て、2009年より鳥取大学乾燥地研究センター教授。2016年〜2022年までセンター長。

歴史のなかで育まれた鳥取砂丘とのつながり

一面が砂で覆われ、その向こうに日本海が広がる、国の天然記念物に指定されている場所……といえばどこでしょう。答えは鳥取県にある鳥取砂丘です。現在はコロナ禍の影響で観光客が減っているものの、例年ならば国内・海外から合わせて100万人以上が訪れる、県内屈指の観光地の1つ。

そんな鳥取砂丘に研究所が隣接していることをご存知でしょうか。それが今回お話を伺った山中典和教授が勤める鳥取大学乾燥地研究センター（以下、乾燥地研）です。

乾燥地研は、日本国内で唯一、乾燥地に特化した研究を行う施設です。日本国内の研究者と海外の研究者とをつなぐ拠点であり、どの研究者も利用できる「共同利用・共同研究拠点」として、国から認定を受けています。この乾燥地研、鳥取砂丘と歴史的に深いつながりを持っています。

いまでこそ観光地としてにぎわう鳥取砂丘ですが、歴史をさかのぼると近隣住民にとって困った存在だった時代もあったといいます。理由は、強い風が吹くと砂が舞い上がり道路に堆積し、ときには家のなかにまで入り込むありさまだったからです。

そうした課題の解決に尽力したのが、1920年に創立された鳥取高等農業学校でした。現在は、鳥取大学農学部と乾燥地研に姿を変えています。防風・防砂林を整備して砂が飛ぶのを防ぎ、さらには砂丘地での農業についても研究を進めた……と言葉にすると簡単に感じられるかもしれませんが、そこには大きな困難が伴いました。

なぜなら、砂は土と比べて植物が生育しにくい環境だからです。植物の成長に欠かせない水を蓄えるための保水力を比較してみると、土は高く、砂は低いのです。また砂は風が吹くと簡単に動いてしまうことから、植物が根づきにくいというマイナス面もあります。

当時の研究者たちはこうした課題を、自動で定期的に水やりができるスプリンクラーの開発、防風・防砂林による風のコントロール、砂丘地で育ちやすい作物の選抜・改良など、様々なアイデアで乗り越えていきました。

鳥取砂丘を訪れたことがある方は、「農業なんてしていたかな？」と思われるかもしれません。じつは鳥取砂丘とは、正式には福部砂丘、浜坂砂丘、湖山砂丘の3つを合わせた総称です。観光地として開放されている場所は、鳥取砂丘のごく一部であり、周囲には林や農地も広がっています。

天然記念物としての景観を守りつつ、人々が暮らしやすいように、研究者の努力が積み重ねられた結果が、いまの鳥取砂丘の姿なのです。

乾燥地と日本人の生活は密接に関係している

「現在地球が抱える問題の1つに砂漠化があげられます。砂漠化とは、乾燥地において土地が劣化することです。みなさんもニュースなどで見聞きしたことがあるでしょう。

ところで、鳥取砂丘は砂漠だと思いますか。一見すると砂漠のようですよね。しかし、鳥取砂丘はその名の通り砂の丘であり、砂漠ではありません。砂丘と砂漠の違いとはなにか……それは乾燥地に属するかどうかなんですよ」と話される山中教授。

乾燥地は、年間の降雨量と可能蒸発散量のバランスによって定義されます。可能蒸発散量とは、水が十分に存在する場合に地面から蒸発して

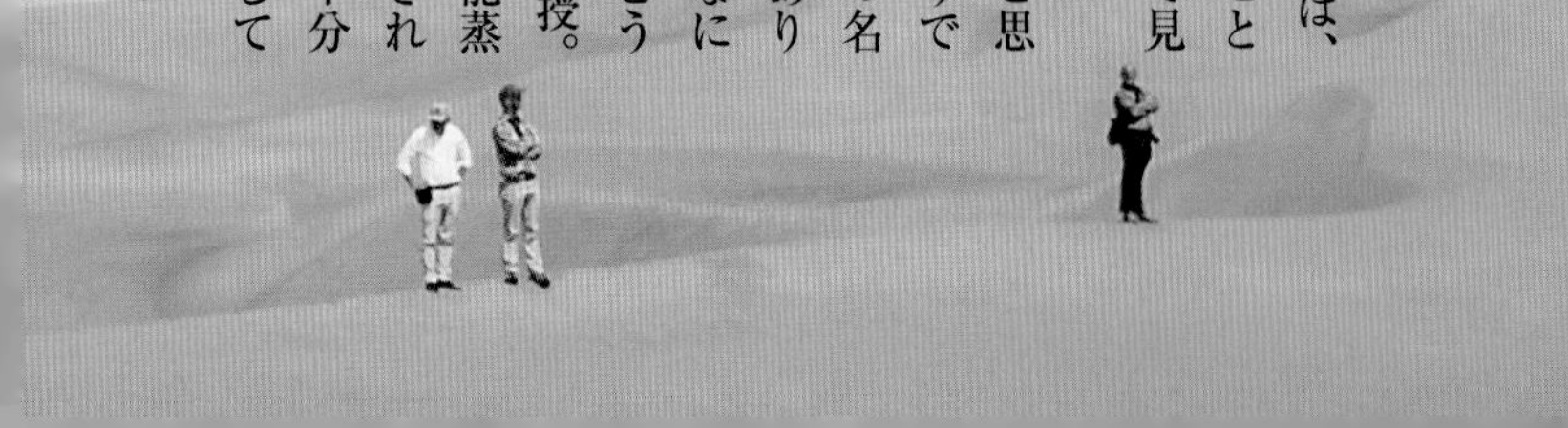

鳥取大学乾燥地研究センター

周囲に歴代の研究者によって植えられた木々が広がる乾燥地研。研究施設のほか、乾燥地にまつわる資料や標本が展示された乾燥地学術標本展示室（休日に一般公開）もあります。

いく水の量と、植物が地中から吸い上げ、葉などから発散する水の量を合算したもの。日本は年間の降雨量が多いため、鳥取砂丘も含め乾燥地と定義されている地域はありません。

また乾燥地に定義されていても、すべてが砂漠というわけでもないのです。木や草がまばらに生えている地域、雨が少ないものの畑を作り農業ができる地域など、ひと口に乾燥地といっても、その状態は様々です。

「日本に乾燥地はありませんが、乾燥地を有さない国であっても、乾燥地の課題を解決するために努力しなければなりません」と山中教授は語ります。

私たちが普段食べているパスタやパン、うどんの原材料は小麦です。その小麦の多くは乾燥地にある畑で作られています。そのため、砂漠化を放置し小麦が十分に収穫できなくなると、日本人の食生活にも大きな影響があります。

さらに、乾燥地での砂漠化が進むと、日本にとってありがたくないものが届くそうで……。その正体は春になるとやってくる黄砂。森林を伐採したり家畜が牧草を食べ尽くしてしまったりすると地表に砂が露出し、その砂は風によってたやすく飛ばされ、海をも越えていくのです。

世界の乾燥地

砂の砂漠ばかりでなく、岩ばかりの岩の砂漠、塩が堆積している土地など、乾燥地はそれぞれに異なる景観を持っています。

ゴビ砂漠（モンゴル）

クブチ砂漠（中国）

デスバレー（アメリカ）

ホンゴリン・エルス（モンゴル）

なかでも人口密集地や工業地帯の上空を通過して飛んでくる黄砂は、汚染物質を付着させており、人体に悪影響をもたらすことがわかっています。

「日本に暮らしていると、乾燥地は遠い存在に感じられるかもしれません。しかし地球規模でみてみると、陸地面積の約4割が乾燥地であり、日本に近い中国やモンゴルにも砂漠が広がっています。私たちの生活とも密接に関係しているので、乾燥地が抱える問題は他人事ではありません」（山中教授）

実験装置

雨によってどのように土が侵食されるのかを調べることができる人工降雨装置㊧と風の強弱や障害物の有無など、条件を変えて砂の動き方を観察する風洞実験装置㊨。

研究者同士をつなぐ最先端の設備が整う施設

読者のみなさんは「砂漠化対処条約」を知っているでしょうか。正式名称は「深刻な干ばつ又は砂漠化に直面する国（とくにアフリカの国）において砂漠化に対処するための国際連合条約」で、1996年に発効されました。このことからも砂漠化や干ばつは、日本を含め世界中の国が協力して解決を図るべき事柄であることがわかります。日本も同条約に批准しており、その取り組みに貢献しているのが、乾燥地研です。

砂丘と砂漠の研究には「砂」という共通点があるため、鳥取砂丘での研究成果を、乾燥地の課題解決に活かしています。乾燥地研には、山中教授が所属する砂漠化対処領域に加え、乾燥地農業領域、気候変動対応領域があり、多角的な視点から乾燥地にアプローチしています。

植物の成分を分析できる装置や風を起こして砂の動き方を調べる風洞《ふうどう》実験装置、人工的に雨を降らせて土壌侵食について調べる人工降雨装置、気象条件を変えながら植物を育成できる人工気象室など、充実した設備がそろっています。

「研究の柱となるのは、海外で行うフィールドワークと乾燥地研で実施するラボワークです。実際に乾燥地を訪れ、その様子を自分の目で確かめること、課題解決のために乾燥地研が有する最先端の設備を使って実験を繰り返すこと、どちらも研究を進めるうえで欠かせません」（山中教授）

キーワードは2つ めざすは持続可能な緑

山中教授が取り組んでいるのは、乾燥地における「緑化」です。しかし緑化といっても、ただやみくもに植樹を行えばいいわけではないようです。

「林業の世界で大切にされていることの1つに『適地適木』というものがあります。樹木には色々な種類があり、水をたくさん必要とする木もあれば、乾燥に強い木もあります。せっかく植えても、すぐに枯れてしまっては意味がないですよね。ですからそれぞれの木の性質を知り、どの種類の木を植えれば枯れずに持続可能な緑となるのか……それを考え

フィールドワーク

現地の植物を知ることがフィールドワークの第一歩です。太陽が照りつける日中だけでなく、日が落ちて真っ暗となった夜間にも調査を行います。

ることが重要です」と山中教授。

さらに「郷土樹種」もキーワードの1つ。その地域に昔から生育している樹木を植えて緑を取り戻そうとしているのです。

「砂漠化の危険にさらされている土地を以前の状態に戻したい。それが私の願いです。フィールドワークで現地に行くと、まずはその土地が以前どんな姿をしていたのか、どんな緑が息づいていたのか……文献を調べ、現地の研究者に案内してもらいながら探っていきます。世界を見渡せば乾燥に強い木というものはありますが、やはり何十年、何百年もの長い期間、その土地に根づいている木々の方が、植樹に適していますし、生態系を守ることもできます。ですから、近隣の林や森を訪れて木々の性質を調査して、そのなかから植樹するものを選んでいきます」（山中教授）

大学時代、樹木の性質を調べる森林生態学という分野を専門としていた山中教授。植物のことを理解したうえで、植物と動物が共存していける持続可能な環境を追究した研究を行っています。そのために、「適地適木」「郷土樹種」を大切にしているのです。

一方、日本でのラボワークとしては、人工気象室での栽培実験や乾燥に強くするための苗木の改良などを行っています。人工気象室では、自由に温度を変えられるため、今後地球が温暖化したとしても耐えうる植物かどうか、その耐性を見極めることも可能です。

それぞれに個性を持つ植物のおもしろさ

山中教授はこれまでに、中国やウズベキスタン、サウジアラビア、ケニア、チュニジアなど、様々な国を訪れています。印象に残っている土地を伺うと「どこも思い出深くて」と笑顔を見せつつ、世界で一番暑いといわれる砂漠、アメリカのデスバレーをあげてくださいました。

パークレンジャー（国立公園の自然を保護する方）に話を聞いていたときに、「車から降りて調査をする場合は、15分以内で戻るように」と指示されたそうです。それ以上長く車外にいると、熱中症の危険があるとのこと。人間には耐えがたい暑さだとわかります。

しかし、そうした苛酷《かこく》な土地にも植物は存在しています。このときに調査したのは塩生植物。塩生植物とは塩分濃度の高い土地に生息する植物のこと。デスバレーには以前、塩分濃度の高い湖がありましたが、水分の多くは蒸発し、塩が土地の表面に堆積しています。

また乾燥地の農地では、塩分を含んだ地下水が、ときに地上まで上がってきてしまうことがあります。すると水分はあっという間に蒸発し、塩だけが土の上に残ります。「塩類集積」と呼ばれるこの現象は、乾燥地での農業において、大きな問題となっているのです。なぜなら、塩の影響によって多くの作物は枯れてしまうからです。

「塩類集積が起こっている土地に植えるのであれば、塩分を好む塩生植物が適しているわけです。まさに適地適木ですね。例えば塩生植物の1つにギョリュウというものがあります。葉の表面を見ると、キラキラと塩の結晶があって、なめるとしょっぱいんです。人間のように植物もそれぞれに個性を持っていて、おもしろいと思いませんか」（山中教授）

続いて話してくださったのは、草原が多いモンゴルでの活動。当時、現地には国外の研究者が参照できるような植物の図鑑が存在していなかったそうです。そこで山中教授は自ら英語とモンゴル語が併記された植物図鑑を作ることに。

アメリカ・デスバレー

地面を覆いつくす白い塩の結晶が印象的なデスバレー。国立公園に指定されています。

モンゴルでの図鑑作り

5年の歳月をかけて仲間の研究者とともに図鑑を作りました。「植物好きの私にとっては、色々な草花に出会えるとても幸せな時間でしたね」と山中教授。

山中教授の原動力

おいしい食事（ヨルダンでのひとコマ㊦）や未知の風景が山中教授の原動力。漁業が盛んだったアラル海（カザフスタン・ウズベキスタン）が干上がり、漁船だけが残る風景㊨は衝撃的です。湖につながる川の水を途中で農業に使いすぎたために、こうした状態になりました。

モンゴル中をめぐって出会った草花の写真を撮り、どんな特徴を持っているかを調査していきました。一見区別がつかないほど似ている花であっても、毒性の有無など特性は異なります。

ほかにも、他分野の研究者と協力し、植物に加えて地形や地質、気象、そこで生きる野生動物などについてもまとめた総合的な図鑑を作成しました。

それらは現地の方々にも好評で、モンゴル国内の大学でテキストとして使われ、モンゴル人の研究者から、モンゴル語のみのバージョンを作り、さらに内容を充実させてほしいと依頼を受けたそうです。

研究の原動力は楽しむ心と好奇心

現地を走り回りコツコツとデータを集め、すぐには結果が出ない緑化に取り組むことは、とても大変に感じられます。そうした研究を続けていける原動力はいったいなんなのでしょうか。

「地球規模の課題を解決したいという思いもありますが、やはり『楽しい』『おもしろい』という気持ちが大きいですね。乾燥地はそれぞれ異なる魅力を持っているので、未知の景色を見てみたい、という好奇心も強いかもしれません。そして乾燥地にはおいしい食べものもいっぱいあるんですよ（笑）」と笑顔の山中教授。

また、研究を進めるうえで大きな支えになるのが研究仲間の存在だと話されます。成果が出ず壁にぶつかった際、アドバイスしあうことも多いのだそう。

「砂漠化の問題は、私1人の力だけで解決できるものではありません。植物の研究者はもちろん、土壌や気象の研究者とも連携する必要があります。仲間の研究者がいるからこそ、鳥取大学で指導している学生を安心して海外に派遣できます。国によっては、日本とは異なる治安上、健康上のリスクがあることも否定できませんから、困ったときには必ず助けてくれる、そうした人物がいないと、学生を送り出すことはできません。人とのつながりはとても重要です」（山中教授）

研究者に求められるのは自分の目で確かめること

山中教授のような研究者になりたいと考える中学生にアドバイスを、とお願いすると「人の言うことをうのみにしないように（笑）」と意外

人とのつながり

乾燥地研の方々、世界各地の研究者との信頼関係があるからこそ研究ができると山中教授は話されます。

乾燥地の動物

乾燥地にも様々な動物がいます。山中教授は、そうした動物にとっても、よりよい環境にすることをめざしています。

な答えが返ってきました。

さらにお話を伺うと、与えられる知識とは、だれかのフィルターを通ったものであると、つねに意識しなければならないということでした。教わった内容を理解することは必要だけれども、何事も自分の目で確かめるのが肝心なのだと教えてくださいます。

「現地を訪れて、その状態を目の当たりにし、そこで暮らす人々から話を聞く、これがフィールドワークの基本です。現在の研究で判明しているものはなにか、解明されていないものはなにか、どれが正しい情報なのか……その判断は自分でしなければなりません。ですから、自ら調べ、自ら考えるということは、研究者にとって、とても大事です」と山中教授。

さらに、「中高生のみなさんには、基礎学力を確実に身につけておいてほしいです。海外に行くためには英語の力が、データを分析したり論理的に考えるためには数学の力が、論文を書くためには国語の力が、そしてフィールドワークやラボワークをするためには、社会や理科の知識に加え、コミュニケーション力も必要です。中高時代に身につけたものは、研究者になるための土台となります」と話されます。

日本を含め、すべての国々が協力して取り組む必要がある砂漠化の問題。山中教授の研究は、持続可能でよりよい世界をめざす国際目標「SDGs」にも大いに関係しています。1人では、短期間では、解決できない課題だからこそ、まずは私たち1人ひとりが、いまその現実を知ることから始め、「自分にできることはなにか」を考えていくことが重要なのでしょう。

受験勉強は大変かもしれませんが、頑張った先には有意義な人生が待っているはずです。色々なことに興味を持って、どんどん世界に飛び出していってください。どの国にもみなさんの知らない一面がきっとあります。ぜひそれを体感してほしいと思います。鳥取大学や乾燥地研には、長期間海外で学べるプログラムもありますよ。

鳥取大学乾燥地研究センター

所在地：鳥取県鳥取市浜坂1390
ＵＲＬ：https://www.alrc.tottori-u.ac.jp/japanese/

私立高校 WATCHING

東京　文京区　共学校

中《ちゅう》央《おう》大《だい》学《がく》高等学校

豊かな人生を送るための術《すべ》を身につける教育を行う

生徒の将来性を広げる様々なプログラムを実施している中央大学高等学校。中央大学との高大連携教育によって、高大７年をかけた人間教育を実現させている学校です。

今井《いまい》 桂子《けいこ》　校長先生

所在地：東京都文京区春日1-13-27　アクセス：地下鉄丸ノ内線・南北線「後楽園駅」徒歩5分、都営三田線・大江戸線「春日駅」徒歩７分、JR総武線「水道橋駅」徒歩15分
生徒数：男子239名、女子250名　TEL：03-3814-5275　URL：https://www.cu-hs.chuo-u.ac.jp/

⇨３学期制　⇨週６日制　⇨月～金６時限、土２時限　⇨50分授業　⇨1学年4クラス　⇨1クラス約40名

全教員で生徒を見守り育てていく

中央大学の附属校として1928年に設立された中央大学高等学校（以下、中大高）。複数の路線が通る後楽園駅と春日駅近くに校地をかまえ、アクセスのよさから首都圏はもちろん関東全域から多くの生徒が通学しています。

中大高は中央大学の理工学部・理工学研究科などがある後楽園キャンパスと敷地を共有しています。生徒は日常的に大学生の様子を目にすることで、数年後の自分を想像しながら3年間を過ごします。

教育目標の主軸には中央大学の学風である「質実剛健」「家族的情味」を据えており、この精神について今井桂子校長先生は、「『質実剛健』とは物事を正確にとらえ、確実に行動していく姿勢を表します。本校では、目先の損得ではなく物事の本質を見抜くための力を育み、『いまやるべきこと』に集中できる環境を用意しています。『家族的情味』は、生徒1人ひとりに寄り添った教育をさしています。比較的小規模な学校ですので、教員間では可能な限り生徒の様子を共有するようにしています。例えば、授業中に眠そうにしている生徒を見た教員は、ほかの教員と『そういえば昨日も眠そうにしていた』『最近は部活が忙しいらしい』などの情報を共有し、生徒への声かけを検討します。教員それぞれが親身になって生徒を気にかけているので、ある意味『生徒を知りすぎている』学校ともいえるかもしれません（笑）」と話されます。

教科教育に関しては、高1では全科目を主要科目に位置づけており、得意・不得意に関係なく基礎を身につける経験を通して、勉強の仕方を学びます。高2になると通常の授業に加えて、「0時限目」と呼ばれる始業前の時間を使った自由選択科目や特別講義を受講できます。高3では文理に分かれ、進路に特化したカリキュラムを編成。アウトプットを取り入れたゼミ形式の授業も行っています。なお、施設の設置基準の都合上、昼間定時制を取っていますが、教育内容は全日制と変わりません。

高校生に実利がある「真の高大連携」を実現

中大高では、中央大学への進学を前提とした密接な高大連携教育を実施しています。教育目標の「質実剛健」に則り、単なる知識の先取りではなく、「いま学んで意義があること」を生徒が取捨選択していけるプログラムになっています。

高2の理系希望者を対象に行われるのが「理科特講」です。理工学部の「応用化学科」「物理学科」「生命科学科」の3学科から先生方を招いた特別講義が実施されています。理工学部には全部で10の学科がありますが、まずは高校で学んでいる分野に関連した興味を持ちやすい3学科に触れることができます。生徒はこの体験を通して最終的な文理の選択を行い、高3へ進級します。

高3で理系を選択した生徒を対象に開催される「体験実験教室」では、理科特講では触れられなかった7学科の研究室を訪問し、実験に参加します。実際に大学生とともに学習することで、進学後の具体的なイメージを持てるので、生徒は勉強にいっそう熱心に取り組むようになるといいます。

文系では経済学部との結びつきが強く、高2で行われる「経済探究」の授業では、経済学部で経済統計学を専門に教えている先生からデータ分析に関しての特別講義を受けることができます。生徒はそれ

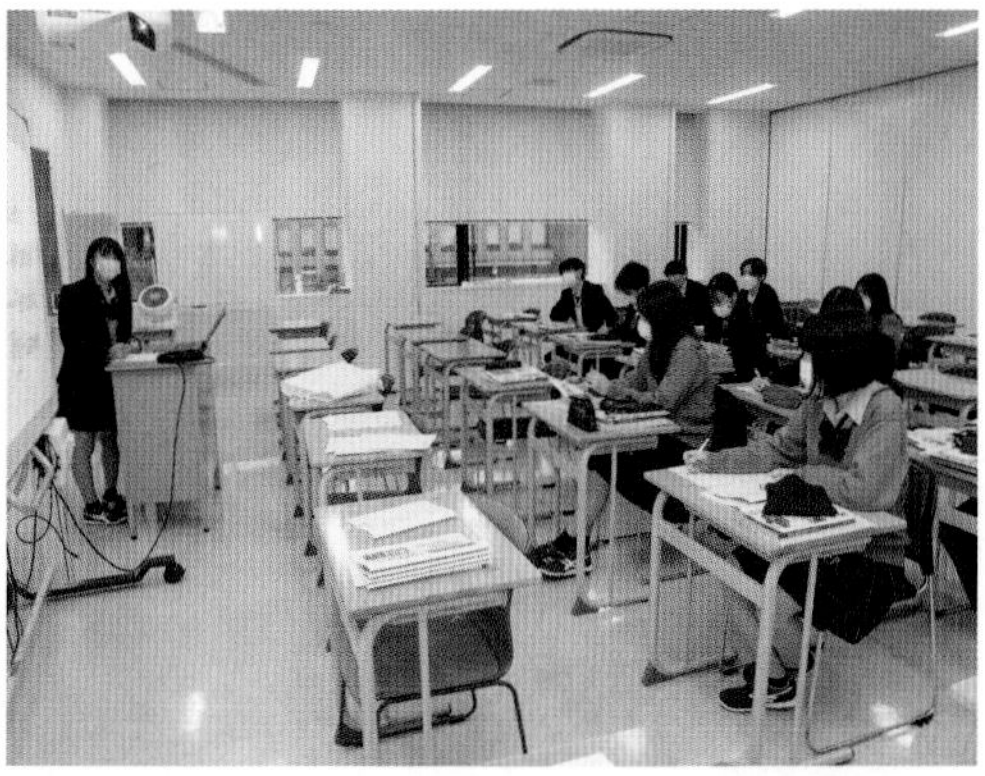
高3「社会研究」では与えられたトピックについて研究し発表します

をふまえて自身の興味に沿ってテーマを選び、1年間かけて研究、発表を行います。さらにそこで優秀作品に選ばれた生徒は大学の先生の前で発表をし、専門的な視点から講評をもらえます。

大学の講義を先取りして学べる「科目等履修生制度」では、経済学部の「経済入門」や、その他の学部の一般的な内容の講義が受講できます。そして、試験で基準を満たすことができれば中央大学進学時に単位として認定されます。

自身も理工学部で教授を務める今井校長先生は「大学の講義をいきなり聞いても高校生には難しいでしょうが、これらの講義では、大学の先生方も高校生が理解しやすいように教え方を工夫してくださっています。『高校生にわかるものをわかるように公開する』制度によって、実利があるという意味の『真の高大連携教育』を提供しています。生徒にはあくまでも『まずは高校の勉強の内容を身につけることが大切』と伝えています。自分自身にとっての必要性を見極めたうえで、この制度を利用してほしいです」と語られます。

「志を育む」をテーマに 2段階で行うキャリア講座

中大高は高校・大学の7年間を1つのまとまりとして考え、社会に出たあとに活かせるスキルや問題に立ち向かっていくための精神力を育むキャリア教育を高校生のうちから行っています。

全学年対象に毎年行われる「総合学習講座」では、各界の第一人者を招いて話を聞くことができます。この講座を通して生徒たちは将来の選択の幅を広げます。

社会人を講師として迎えて行う「キャリア講座」(高2対象)は、テーマに「志を育む」を掲げています。「基礎講座」と「実践講座」の2段階構成になっており、基礎講座では講師の方による講演を聞き、社会問題に対して気づきを得ることが目標です。

基礎講座を経て希望者が参加するのが実践講座です。実際に身の回りにある課題を見つけ、グループワークで解決方法を見出します。ファシリテーターとして各グループに2、3人の若手の社会人の方がつき指導してもらえるので、意見のまとめ方やプレゼンテーションの仕方など、社会に出て役立つ実践的なアドバイスももらえます。

2段階の講座を通して生徒たちは社会課題を自分の目で確かめ、将来的にどんな形で解決に貢献して

高大連携・キャリア教育

中央大学経済学部主催の附属４校合同入学前プレゼンテーション大会では、経済学部の先生とゼミ生が高校生の発表を審査。上位２チームが表彰されます。

1.理科特講　2.体験実験教室　3.中央大学経済学部主催の附属４校合同入学前プレゼンテーション大会　4.経済入門の講義の様子　5.キャリア講座（実践講座）でのグループワーク

いけるのか、志を持つきっかけとしています。

「社会課題について考えるのは難しいと思いますが、自分なりに向きあうことが大切です。そうして初めて『本当にやるべきこと』がみえてきます。中大高のキャリア教育は『いま自分に必要なこと』を知るためのものなんです」と今井校長先生が話されるように、自分の状況をしっかりと見つめて、地に足をつけた状態で将来について考えてほしい、というのが中大高の教員の思いです。

さらに今井校長先生は「人生でうまくいかないことに出会ったとき、どう乗り越えるのか、7年間で自分なりの方法を見つけてもらいたいです。必要なことを見極めて実行に移す『自立』と、自分の感情をコントロールしながら柔軟に対応する『自律』が、将来にわたって豊かな人生を送るための術になると思います」と語られました。

6

7

9

8

学校行事・生徒会活動

学校行事は各委員会が中心となり生徒主体で盛り上げます。生徒会は学校説明会での校内見学も主催しています。

6.文化祭の装飾幕　7.体育祭　8.学校説明会で生徒会が行事の説明をする様子　9.学校説明会で行われる生徒会主催の校内見学

写真提供：中央大学高等学校　※写真は過年度のものも含みます。

学校説明会では生徒会が活発に活動

普段の学校生活では約9割の生徒が部活動に参加しており、活発に活動をしています。また生徒会活動も盛んで、100人前後の生徒が生徒会に所属しています。年5回程度行われる学校説明会では、生徒会から約80人がスタッフとして手伝いに参加しているといいます。

「会場の準備や当日の案内、学校生活についてのプレゼンテーションも生徒会が行います。生徒から『中大高が好き』という雰囲気がにじみ出ているようで、そんな先輩の姿に憧れて志望してくれる受験生もいます。興味を持った方はぜひ説明会に来ていただきたいです。そして、なにか聞きたいことがあれば自由に生徒に聞いてみてください」（今井校長先生）

最後に今井校長先生に読者へのメッセージを伺いました。

「高校や大学の入試を突破するには、1点でも多く取ることが必要かもしれません。しかし勉強の本当のおもしろさはそこではありません。中大高では『わかった』と思う瞬間の感動を提供するためのプログラムを多く用意して、みなさんをお待ちしています」

■2022年3月卒業生
中央大学進学状況

学部	進学者数
法学部	47
経済学部	44
商学部	15
理工学部	26
文学部	10
総合政策学部	7
国際経営学部	2
国際情報学部	4

公立高校 WATCHING

埼玉県立
浦《うら》和《わ》第《だい》一《いち》女《じょ》子《し》高等学校（女子校）

「学問の魅力」を体感しながら仲間とともに高めあう3年間

日々の授業を重んじ、世界を舞台に活躍できる人材を育成するため、様々な教育プログラムを提供する埼玉県立浦和第一女子高等学校。幅広い学習を通じて今後のキャリアに向けた目標を発見し、夢を実現するため目一杯に努力できる環境が魅力です。

コアとオプション どちらも大切なエッセンス

1900年に埼玉県高等女学校として開校した埼玉県立浦和第一女子高等学校（以下、浦和一女）。めざす学校像に「世界で活躍できる知性と教養、逞《たくま》しさを備え、社会に貢献する高い志を持った魅力あるリーダーを育成する女子高校」を掲げ、文化社会の発展に寄与する資質を持つ生徒を輩出し続けています。

創立100周年を迎えた2000年、新たに「1000色のエッセンス」という言葉が生まれました。これは生徒たちが自ら考案したもので、校内には生徒がデザインした記念モニュメントも設置されています。浦和一女で過ごす3年間、約1000日の日々すべてが自分の夢を見つけたり、実現したりするうえで大切なかけがえのない「要素＝エッセンス」だという意味を持ちます。

高岡豊校長先生は2000年当時も教員として同校に勤務していました。そして2019年に校長として再度赴任した際、「1000色のエッセンス」が変わらず受け継がれていたことに感銘を覚えたと振り返ります。

「あれから20年近い時間が経っていましたが、かつての生徒が作ったものを大事にしてきてくれたのだと、とても嬉しく思いました。この『1000色のエッセンス』という言葉をふまえて、いまの浦和一女の教育活動があります。生徒の高い志に対して、その達成に必要な学力と人間力を育成することが、我々教員の使命だと感じて

所在地：埼玉県さいたま市浦和区岸町3-8-45
アクセス：JR京浜東北線ほか「浦和駅」徒歩8分、JR京浜東北線ほか「南浦和駅」徒歩12分
生徒数：女子のみ1070名
TEL：048-829-2031
URL：https://urawaichijo-h.spec.ed.jp/

⇨ 2期制
⇨ 週5日制（隔週で土曜授業あり）
⇨ 月・水・金6時限、火・木7時限、土4時限
⇨ 50分授業
⇨ 1学年9クラス
⇨ 1クラス約40名

います。生徒にはそうした力を養うために、勉強や部活動、学校行事に取り組み、1000日のなかで体験するすべての活動につながりがあるのだと気づいてほしいです」

浦和一女は授業を学校の「コア(幹)」だと考えています。「本物の学問の魅力」を伝えることをモットーに、生徒の自発的な学びを促す専門性の高い授業が展開されています。一方、スーパーサイエンスハイスクール(SSH)としての活動やグローバル教育、生徒会活動は学校生活を充実させる「オプション(選択肢)」です。

生徒はこうした「コア&オプション」の教育方針に基づき、なにごとにも積極的にバランスよく取り組む姿勢を身につけることで、これからの社会を主体的に生きる力を培っていきます。

高岡《たかおか》 豊《ゆたか》 校長先生

知識を深めて幅を広げる 多様な教科指導プログラム

浦和一女は2004年度からSSHに指定されており、2021年度に4期目を終えました。2022年度は経過措置期間とされていますが、これまでの実績をふまえたうえで取り組みを継続しています。

文系・理系を問わず、「総合的な探究の時間」などを通して全生徒がSSHの活動に参加します。現在は多くの生徒がSDGsをテーマに据えて研究を進めているそうです。

なお、希望者は放課後や土曜日、長期休業の期間を使って、より専門的な研究に取り組むこともできます。仮説を立て、実験を行い、検証するプロセスを繰り返し、高3で1本の研究論文を書き上げることが目標です。この論文は、要

[多彩な学び] ①日々の授業や②SSHとしての取り組みを通して、自ら積極的に知識を深める姿勢を養います。夏期休業中には③実力養成講座などが開かれ、補習・補講のサポートも充実。コロナ禍以降は④ICT機器を活用したオンラインでの海外交流も盛んに行われています。

［部活動・学校行事］ 浦和一女の生徒は部活動（①吹奏楽部、②バスケットボール部など）にも熱心に取り組んでいます。③体育祭と④文化祭で構成される一女祭をはじめとした学校行事も、仲間とのきずなを深める大切なオプションです。充実した高校生活を送りながら、卒業生と触れあう⑤⑥麗風セミナーなどを通じて、将来についてもじっくりと考えていきます。

旨を英語で執筆することが求められます。その過程で、生徒は研究者として必要になる英語力についても身につけていくことができるのです。

このように質の高い学びに対応する能力を養うため、浦和一女では各教科の授業でも特色あるプログラムが実践されています。

例えば国語で行われているのは、長期休業中に新書を読む「新書レポート」です。書いたレポートを生徒同士で読み、フィードバックすることで、すべての学びのいしずえとなる読解力を伸ばしていきます。

また数学では、「別解ニュース」と呼ばれる取り組みがあります。演習問題を解く際に、生徒が導き出したオリジナルの解法があったとき「別解ニュース」として配付・共有します。これは1つの問題に対して異なる視点からアプローチする習慣を身につけ、独創性を養うことを目的に実施されます。

そして英語の「多読プログラム」では、約6万冊の蔵書を誇る図書館にある、およそ1万冊の英語の本を読み進めることで、ネイティブスピーカーと同じ感覚で英文を読み、日本語に変換せず「英文のまま」理解する練習を行います。

教科書のみならず、身の回りにある様々なものを教材として、多様な知識を蓄え、生涯の学びを支える「思考力・判断力・表現力」を磨いていくのです。

支えあいの気持ちを持って大学受験をみんなで乗り越える

年間の学習は2期制で進められますが、定期考査は3学期制と同様に年5回実施されます。このほか、長期休業後には実力テストと課題考査が行われるため、日々の学習成果を試す機会が豊富にあります。

高2からは文理分けが行われ、文系と理系が4クラスずつ、文理混合が1クラス編成されます。各大学の入試科目に対応するため、高3の文系では多彩な選択科目のなかから、希望進路に合わせて授業を履修することも可能です。

「生徒にはいつも、『受験は団体戦』だと伝えています。自分の志望校も含めて学習状況をオープンにして、目標に向かってみんなで支えあうのが一番です。『この分野の勉強はあの人が得意だ』とわかると、その生徒にインタビューして、聞いた話を新聞にまとめるということも起きています。みんなでいっしょに学んでいるという安心感は、最後まで諦めずに志望校をめざすモチベーションにもつながっているようです」（髙岡校長先生）

卒業生をロールモデルに 世界を率いるリーダーとなる

キャリア教育では新たな取り組みとして、２０２１年度から「麗風セミナー」がスタートしました。浦和一女の卒業生を講師として招いて話を聞く取り組みで、希望者が受講します。少人数で開催されるため講師との距離が近く、質問などのやり取りをしやすいことが特徴です。

これまでも独立行政法人の研究員やウェブデザイナー、ＮＧＯの職員など様々な職業の方が学校を訪れました。身近な先輩の活躍を聞く経験はキャリアを考えるきっかけになるだけでなく、社会貢献の仕方について理解を深める重要な機会にもなっているそうです。

このように浦和一女は、世界をリードする魅力ある人物を育成することをめざし、コアとオプションの両面から生徒を支えています。

最後に髙岡校長先生に、浦和一女をめざすみなさんへメッセージをお願いすると、学校の雰囲気をふまえて次のようにお話をいただきました。

「校外から正門に続く道を、我々は『あひる坂』と呼んでいます。入学後の対面式では、その名にちなんだ先輩手作りの『あひるバッヂ』を高1に贈ります。どの生徒も嬉しそうに身につけていますね。浦和一女ならではの人間関係のなかで互いを高めあい、楽しく3年間を過ごせると思います。

本校には、頑張る人に対して尊敬の念を抱ける生徒が集まっています。だからこそ1人ひとりが遺憾なく自分の力を発揮できるのでしょう。これから入学してくださるみなさんもきっと、そういう環境を作れる資質を持っているはずです。いい伝統を受け継いで、今後も浦和一女が、お互いを尊敬しあえる雰囲気を持った学校であってほしいと願っています」

［施設］①勉強に集中できる自習室。②浦和一女の「知の拠点」である図書館。

■2022年3月　大学合格者実績抜粋（　）内は既卒

国公立大学		私立大学	
大学名	合格者	大学名	合格者
北海道大	7（0）	早稲田大	42（11）
国際教養大	1（0）	慶應義塾大	15（1）
東北大	5（0）	上智大	37（0）
筑波大	20（4）	東京理科大	36（7）
東京大	4（1）	青山学院大	22（2）
東京医科歯科大	3（1）	中央大	44（5）
東京外国語大	4（0）	法政大	75（10）
東京学芸大	11（2）	明治大	100（18）
一橋大	8（2）	立教大	101（14）
お茶の水女子大	10（0）	学習院大	37（7）
京都大	1（0）	芝浦工業大	19（9）

写真提供：埼玉県立浦和第一女子高等学校　※写真は過年度のものを含みます。

ワクワクドキドキ
熱中部活動

青稜《せいりょう》高等学校
自然科学部

動植物とのふれあいを通して自由に興味を深めていく

100種類を超える動植物を育て、その生態について研究している青稜高等学校の自然科学部。その数の多さに加え、他校では見られない珍しい動物が飼育されていることもあり、学校内でも人気のある部活動の1つです。

今回紹介してくれたのは

高2 部長 藤本《ふじもと》 朔《さく》さん

高2 副部長 北沢《きたざわ》 優花《ゆうか》さん

School information〈共学校〉
所在地：東京都品川区二葉1-6-6　アクセス：東急大井町線「下神明駅」徒歩1分、JR京浜東北線ほか「大井町駅」徒歩7分　TEL：03-3782-1502　URL：https://www.seiryo-js.ed.jp/

手厚いサポートのもと多種多様な動植物と触れあえる

青稜高等学校（以下、青稜）の自然科学部では、哺乳類、鳥類、爬虫類、両生類、魚類、昆虫、植物と、多種多様な生物を育てています。哺乳類だけでもチンチラ、フクロモモンガ、ハリネズミ、デグー、ファンシーラットなどがいます。飼育されている生物の数は100種類以上にもなります。

イグアナ、ピラルク※、タランチュラといったほかの学校では見られないような生物とも日々触れあうことができます。そのため、入部希望者が多い部活動の1つです。

「自然科学部を目当てに青稜を受験したという生徒もいます」と、部長の藤本朔さんが教えてくれました。お話を伺った藤本さん、副部長の北沢優花さんも、飼育されている動物の種類の豊富さに惹かれ、青稜を志望したと言います。

自然科学部のおもな活動は、エサやりやケージの掃除をして生活環境を整えるなど、生きものの飼育です。

入部時にそれぞれ世話をしたい動物を選び、担当が決まったら上級生からその飼育方法を学びます。

※アマゾン川流域などに生息する世界最大の淡水魚。1億年前から姿がほとんど変わらず「生きた化石」ともいわれている。

←亡くなった生きもので剥製作りにもチャレンジ。これはイグアナの剥製です。

↑それぞれの生きものに合わせてエサを準備します。土曜日は翌日が休みのため、多めに用意しておくそうです。

↓ケージの掃除も大事な活動の1つ。動物たちが体調を崩さないように、日々ケージをきれいにします。

↑ホワイトボードを使って、生きものの世話の状況や部員の出欠を確認できるようにしています。

動物の飼育に詳しい近隣のペットショップの方がコーチとしてほぼ毎日部活動に来てアドバイスをしてくれるため、動物を飼育した経験のない人でも安心して活動できるのが自然科学部です。

世話を通して生きものへの愛着が湧いてきます。中1のころから自然科学部に所属している藤本さんのお気に入りはワキコガネウロコインコのしーちゃんです。

「入部当初から世話をしていて、思い入れが強いインコです。手を近づけるとなでてほしくてケージにくちばしをかけてくるので、そういうところが愛らしいです」（藤本さん）

まだ学校にいない動物でも、飼ってみたいと思う生きものがいれば、部員は希望を出すことができます。

「最近はチンチラを飼い始めました。新しく飼う生きものは、顧問とコーチに相談しながら決めています」（北沢さん）

それ以外でも、部員や先生が新たな生物を持ち込んだり、ハリネズミの繁殖に取り組んだりしているため、飼育する動植物が増えていくのだそうです。

また、亡くなった動物を剥製《はくせい》にして保管したりもしています。「剥製作りは生徒たち自身が、やり方を調べて作りました」と藤本さん。

生物の数は多いですが、部員数も中学生と高校生を合わせて95人と大所帯のため、世話をするのは大変ではないと藤本さんと北沢さんは声をそろえます。

その反面、部員数が多いゆえに苦労するのが部自体の運営だそう。

「来てない人がいれば、『なにかあったの？』とこちらから声をかけるようにしています」（藤本さん）

「その日の動植物の世話が終わったかどうか確認するボードと、部員の出欠確認のボードを最近作りました。みんなで話しあって改善しながら使っています」（北沢さん）

生徒1人ひとりが自由に活動できる環境

文化祭での活動発表をきっかけに、自然科学部に興味を持った生徒が大勢います。発表ではどの動物と触れあってもらうのか、どういうふうに展示をしたら見てもらいやすいのかを、生徒たち同士で相談しながら企画運営を行います。

２０２２年度は自然科学部にいる動物たちの人気投票を実施しました。さらに、動物たちの限定ブロマ

活動場所である理科室で、哺乳類、爬虫類、魚類など、様々な生きものが飼育されています。そのほか、スイレン、バナナ、ウツボカズラといった植物も育てています。

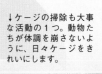

←実験班がコツコツ行ってきた研究。2022年度からは文化祭だけでなく、大会で発表するために準備を進めています。
↓

←長野県白馬村で合宿を行い、自然観察をしたり、川下りをしたりと、様々な活動を通して自然と触れあったそうです。

写真提供：青稜高等学校

イドがもらえるイベントを企画するなど、生徒たちが出したアイデアがどんどん形になっています。

このほかにも、自然科学部では飼育をするなかで出てきた疑問を研究する実験班も活動しています。

鳥に興味があるという北沢さんは「鳥の羽根を顕微鏡で観察して、羽根と個体にはどんな関連性があるのかを調べたり、羽根の撥水《はっすい》効果に着目して実験をしたりしています」と話します。

そうした研究成果を発表するのはこれまでは文化祭だけでしたが、2022年度からは「せっかくなら学外で発表する機会があった方がいいのでは?」という先生のアドバイスを機に、全国高等学校文化連盟研究大会と、日本生態学会大会で、研究成果を発表することに決めました。

チームで協力して取り組んだり、個人で大学教授の力を借りたりしながら、研究に没頭しています。

「研究発表と聞いて最初は難しい印象もありましたが、自分でテーマを考えて調べているうちに、おもしろくなってきました」(北沢さん)

こうして実験班で研究したことが、将来の進路につながる生徒もいるそうです。

このほかにも、合宿で大自然に触れる経験をしたり、大井競馬場の協力を得て馬の世話の様子を見学させてもらったりと、部室のなかにとどまらず、それぞれが関心のある分野の知識を深めることもできます。

生きものたちの飼育を通して、興味のあることに自由に取り組める環境が整っているのが、青稜高校の自然科学部です。

勉強　先輩からのアドバイス　受験

高2
藤本 朔さん　北沢 優花さん

Q青稜の特徴や学校の雰囲気を教えてください。

藤本さん：校則はそんなに厳しいわけではないので、全員が自由に生活している気がします。

北沢さん：生徒会の活動がすごく活発で、生徒会で決めたことがすぐに学校生活に反映されるように感じます。少し前までは校則で肩に髪がつく人は結ばなければいけなかったのですが、なくなりました。そうやって生徒主体で変化しています。

Q藤本さんは内進生、北沢さんは外進生ですが、高校に入学してから中学校との違いをどんなところに感じましたか。

藤本さん：学校生活に関しては純粋に同年代が増えたというだけで、あまり変化は感じませんでした。

ただ、高校になってからはメインの5教科が細分化され、それぞれ2科目くらいずつ増えるんです（現在の高1は全13科目）。教科が増える分、勉強も倍になって大変でした。

ぼくは社会が得意科目なのですが、先生からもらったプリントを電車で覚えるようにすることで、点数をキープしています。

北沢さん：高1のときは内進生とクラスが分かれているので、ちょっと壁を感じていました。でも、高2から同じクラスになって話す機会が増え、仲のいい子もできました。

入学してすぐは科目数が多いのが大変でした。最初は試験範囲に手をつけるのが精一杯で、とにかく隙間時間の使い方が重要だと痛感しました。

Q部活動と勉強の両立で苦労したことはありますか。

藤本さん：自然科学部は部員がたくさんいるため1人ひとりが担当する世話の量は多くなく、両立はしやすいです。テスト前だと、部室で動物たちに囲まれながら勉強している人もいます。

北沢さん：忙しい日はお世話だけやって帰ることもあります。

また、時間に融通が利く文化部が多いので、ほかの部活動と兼部している人も結構います。

私は途中まで運動部と兼部していたのですが、運動部の練習が終わったらエサと水だけ変えるというサイクルになってしまいました。もっと動物と触れあいたかったので、この部の活動に専念することにしました。

Q最後に読者へメッセージをお願いします。

藤本さん：受験が終わったから終わりではなく、中学で学んだ内容は高校にもつながります。しっかり覚えておけば高校での勉強も楽になりますよ。

北沢さん：中学校の成績が受験の際に大切になる高校もありますし、やっぱり普段の学校の勉強が大事ですね。

まず定期テストに向けて問題集を繰り返し解いて、知識をしっかり定着させておくのがいいと思います。

KOSEI DREAM

～夢をかなえる、世界のステージで～

2023年度一般入試概要

試験日	募集人員	選抜方法	Web出願期間
第１回 2月10日(金)	〈国際コース〉 ・留学クラス ……………10名 ・スーパーグローバルクラス ……………………… 5 名 〈特進コース〉……………35名 〈進学コース〉……………30名	■国語・数学・英語(含リスニング) ■面接 ※国際コース：個人面接 ・前半は英語、後半は日本語で実施 ※特進コース・進学コース ・5名でのグループ面接(日本語)を実施	12月20日(火)～ 2月7日(火)12:00
第２回 2月12日(日)			12月20日(火)～ 2月10日(金)23:59

佼成学園女子高等学校

東京都世田谷区給田2-1-1　☎03-3300-2351　https://www.girls.kosei.ac.jp/
【アクセス】京王線「千歳烏山駅」徒歩5分　小田急線「千歳船橋駅」から京王バス15分「南水無」下車

G

H

突撃スクールレポート

F 自由研究「絵画教室」　G 飛翔祭（体育祭）　H 水泳部ライフセービング部門

成《せい》城《じょう》学《がく》園《えん》高等学校

〈共学校〉

成城学園高等学校は、希望進路の実現に向けたきめ細やかなサポートで生徒の力を開花させる教育を重視している学校です。独自のプログラム「課外教室」や「自由研究」では魅力的なプログラムで生徒の興味関心を広げ、知識と教養を深めていきます。

天分を伸ばす高校生活のなかで一生の宝物を見つけられる

世田谷の広大なキャンパスに幼稚園から大学院までを擁する成城学園。学園全体に深く根づいている、自ら学び行動する「自学自習」と、学園の課題を自主的に解決しようとする「自治自律」の精神は、成城学園高等学校（以下、成城学園高）にも受け継がれています。

この精神に基づき、歴代の生徒たちは校歌の作詞作曲やグラウンドを造設するための整地、キャンパス内の桜並木の植樹などを自ら行ってきました。

「こうした校風の根本にあるのが、生徒1人ひとりに内在する力を引き出す『天分を伸ばす』という考えです。私たち教員は、生徒が自分のペースで能力を伸ばし、周囲と共生・協同しながら幸せになれるように手助けすることを使命としています」と語るのは入試広報部部長の青柳圭子先生です。

この「天分を伸ばす」という考えのもと、授業では将来を見据え、個々に力を伸ばせるようサポートを行っています。まず、高1で基礎学力を定着させながら高大連携講座などを通して進路について考える機会を与えています。高2からは成城大学への進学を中心に多彩な進路を選べる「Aコース」、難関大学の文系学部をめざす「Bコース」、難関大学の理系学部進学を掲げる「理数コース」に分かれ、希望進路に沿って学習し

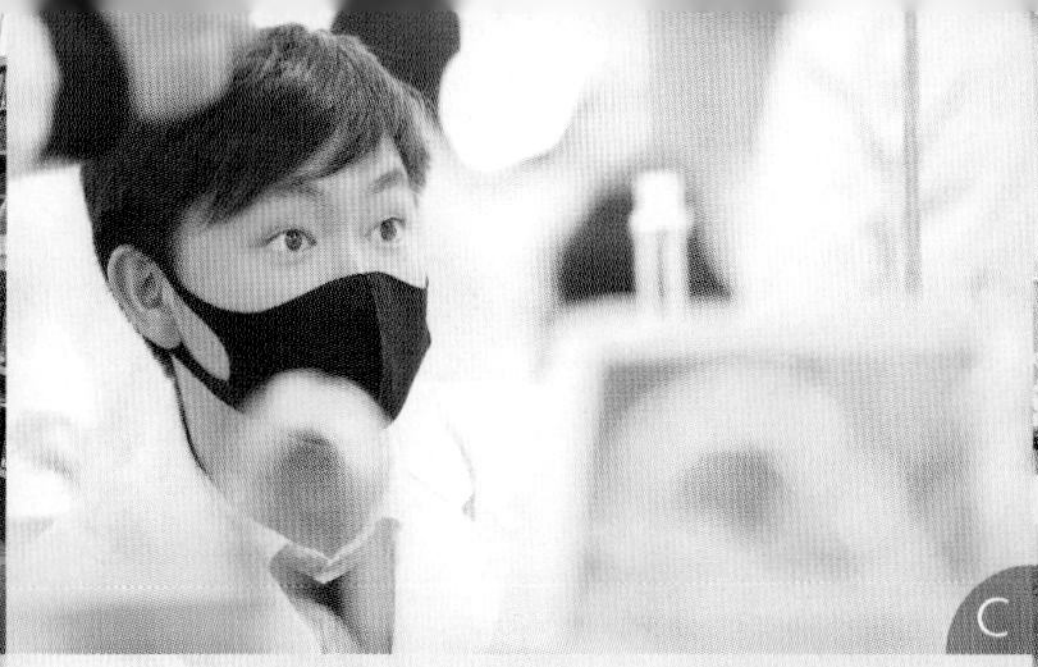

Photo　A 図書館　B 英語の授業　C 理数教育の実験の様子　D 課外教室「乗馬天国」　E 自由研究「デザイン思考で世界を創る」

写真提供：成城学園高等学校　※写真は過年度のものを含みます。

ます。

特徴的なのが理数教育と英語教育です。理数教育では、大学進学後の研究活動につながる取り組みとして、実験・観察とその後のレポート作成の機会を多く設けています。さらに、理数コースは高3の必修選択の理数科目の授業を7人までの少人数制で実施し、手厚い指導を行っています。

英語教育では、CEFR-J※をより具体化した独自の指標をもとに、iPadを活用したリスニングの学習やネイティブ教員が担当する授業などを展開することで、4技能をバランスよく伸ばします。2023年度には、チームティーチングで行うオールイングリッシュでの授業『Global Competence Program』（週1回実施）がスタート。イギリスの学校の教科書を使ったハイレベルな英語学習となるそうですが、ペアやグループを組んだ生徒同士で協力しながら学ぶため、英語が苦手な生徒も安心して取り組めることでしょう。

成城学園高では、このように多彩な学びで未来を切り拓ける人材を育成しているのです。

個性を磨く 課外教室・自由研究

生徒の興味関心を広げる独自のプログラムも魅力の1つです。修学旅行の一面を持つ「課外教室」では、ローカル列車の旅を満喫する「ローカル列車でGO」や九州で乗馬を体験する「乗馬天国」など毎年約25のコースが用意されます。3年間のうちに少なくとも1回の参加が必須ですが、開催時期がコースごとに異なるため、複数のコースに申し込むこともできます。何度も同じコースを選択したり、クラスや学年の違う生徒といっしょに参加したりと、参加方法も自由度が高いのが特徴です。

また、教科の枠を越えて知識と教養を深める「自由研究」（高2・高3の希望者対象）も実施。例えば、青柳先生が担当する「デザイン思考で世界を創る」では大学や企業が課題解決などに用いる「デザイン思考」（なにかを作り出す際に、それを求めている人について調査したうえでアイデアを形にする考え方）を学べます。ほかにも、グループでコンセプトやデザインを考えて作品を作る「絵画教室」や、書いた小論文を参加者同士で読みあって意見を交わす「小論文入門」などの講座があります。

生徒が自身の個性に気づき、集団生活のなかで培った力を発揮できるよう教育を行う成城学園高。最後に青柳先生は「本校は大学進学のための支援も、人間的な成長を促す教育も重視する『欲張りな学校』です。とくに、高校生活のなかで得た友人や培った価値観・周囲と協力する力は、きっと一生の宝物になります。みなさんもぜひ、入学後の3年間をイメージしながら受験校を考えてみてください」と笑顔で話されました。

スクールインフォメーション

所在地：東京都世田谷区成城6-1-20
アクセス：小田急小田原線「成城学園前駅」徒歩8分
生徒数：男子362名、女子472名
TEL：03-3482-2104
URL：https://www.seijogakuen.ed.jp/chukou/

2022年3月　おもな合格実績

東京外国語大	1	青山学院大	6
早稲田大	9	中央大	11
慶應義塾大	10	法政大	7
上智大	13	明治大	6
国際基督教大	1	立教大	7
学習院大	4	成城大	181

※既卒生含む

※外国語でのコミュニケーション能力のレベルを示す国際標準規格CEFR（セファール）をベースに、日本の英語教育での利用を目的に構築された、新しい英語能力の到達度指標。

入試直前アドバイス

さあ来い！入試

ポジティブ大作戦

まもなく、東京の私立・都立の推薦入試を皮切りに首都圏の高校入試が始まります。みなさんは準備万端「待ってろ入試！」という心境になっていますか。そんなみなさんでも「試験当日、大丈夫かなぁ」「見たこともない問題が出たらどうしよう」と、ふと心配になるかもしれません。今回は、そんな緊張を乗りきる試験当日の「ポジティブ大作戦」をどのように展開すればよいのか、ご紹介します。

当日にこそ発揮したいポジティブ思考

事前対策をしよう！
対策1
朝型への転換
対策2
早めの行動
対策3
持ち物リストの作成
など

ポジティブ思考で試験を受けよう！

もちろん、試験当日に100%の力を発揮できるに越したことはありません。しかし実際には、100%ということは難しいですから、実際に試験を終えてみると、それが取るに足りないようなミスでも自分を責め「あれもダメ、これもダメ」と感じてしまうものです。ネガティブ思考に入り込んでいればなおさらです。

じつは試験が終わったあとにネガティブになるのならまだよいのです。最も避けたいのは、試験の途中でパニック状態におちいってしまうことで、そうなると次の科目にも大きな影響が出てしまいます。

そのような事態にならないために、事前にできることは十分に対策をしておきましょう。例えば、睡眠対策として「朝型への転換」、遅刻については「事前に入試当日と同じ時間帯で行動・当日は早めの行動」、忘れものについては「持ちものリストの作成」、風邪予防については「家族全員での健康管理」などですね。

また、前夜には「ここまで頑張ってきたから、自分は結果を出せる」「さあ来い！入試」と自分に言い聞かせ、ポジティブ思考のまま床につきましょう。

パニックになる事態を想像しておく

では一番避けたいパニックについてはどうでしょう。

パニックとは、例えば、試験会場に着いたとたんに雰囲気にのまれてしまったり、問題ページを開いたとたん「えっ、見たこともない問題だ」と驚き、できるはずの次の問題にも手がつけられない、といった状態です。緊張感がネガティブ思考につな

パニックをしずめるためのスイッチ

解けない問題があったら……
こうしよう！
解ける問題から進めよう！
事前に対策を考えておけばパニックになりにくいのじゃ

がってしまうのです。

人間は初めての体験や、どちらか迷うような岐路に立たされたときに緊張します。これは仕方ありません。

「緊張」は悪いことばかりではありません。スポーツの試合では適度な緊張感がよい結果を引き出すことが知られていて、適度な緊張感は最高のパフォーマンスを発揮するために重要な要素の1つなのです。

大切なのは緊張がパニックにつながらないような準備をしておくことと、パニックになりそうなときに、それをしずめるスイッチを身につけておくことです。

かつて、スペインの空港で前例のない大きな航空機事故が起きました。その際のわずかな生存者たちにインタビューをした記録が残っています。

助かった人たちの多くは、普段から、もしこうなったらどうしよう、と座席に座ったときに考えていたというのです。その内容は、避難通路や非常口の確認、そこまでの大まかな距離の把握などでした。

これは、決してネガティブな思考なのではなく、冷静な準備思考とみるべきでしょう。

みなさんの入試においても、先ほどあげたようなパニックになる要素に思考をめぐらせ、事前に脳と打ちあわせをしておけばよいということです。

パニック打開のための方法を考えておく

人間はだれでも緊張します。しかし、頭が真っ白になる、手が震えるといった極度の緊張は、本来の実力を発揮できる状態からは程遠いものです。緊張は適度なレベルに抑えなければパニックに進んでしまいます。

人それぞれですが、パニックになる前に自分はなにをすればリラックスできるかを知っておくことも大切です。

試験前、ほかの受験生がズラリと並んでいるのが見えただけで「雰囲気にのまれてしまう」といった現象も起きます。対処法は試験会場に早めに到着しておくことです。会場の雰囲気に慣れ、気持ちに余裕ができます。

また、そんなとき、トイレに行って鏡の前に立ち自分の顔を見てみましょう。緊張している自分に微笑みかけることでリラックスできます。

このように、緊張している自分を想像し、どうしたら緊張がほぐれるか予行演習をしておくことは、とても効果があります。

それでも緊張から抜け出せない、いつもの自分ではない、ということもあるかもしれません。そんなときの対処法も考えておきましょう。

例えば深呼吸です。緊張が高まると呼吸が浅くなりがちですが、そんなときでも、大きく腹式呼吸をすると、緊張が次第に和

入試直前アドバイス

さあ来い！入試
ポジティブ大作戦

らぎます。脳に酸素を送るイメージで、目を閉じて鼻で息を吸い、ゆっくりと口で吐きます。また、軽く身体を動かすと血行がよくなり、脳の働きが活性化されます。肩を回す、頭を回すなど、座ったままできる簡単な運動も効果的です。

思わず笑顔になれる ポジティブ大作戦

さて、今回のテーマである「ポジティブ大作戦」です。

家族の笑顔を思い描く、友だちが言っていた冗談をメモしておいて思い出す、ペットの写真や親戚の赤ちゃんの写真を持っていくなど、自分が緊張から抜け出すきっかけを作っておくのです。

心が和やかになる写真を休み時間に見たり、笑ったりできれば、血流が増えることは脳科学の世界では知られており、これによって平常心を取り戻すことができるともいわれています。もし、試験中にパニックになりそうなときは、さっきの写真を思い出せばよいのです。

もう1つ、とっておきの方法があります。

それはパニックにおちいっている自分を、他人の目から見たように、自分で実況してみるのです。もちろん試験中ですから口に出しては言えませんが、「さあ、○○君（あなたの名前）焦っています。見たこともない問題が出てきたのです。手にじっとり汗までかいています。さあ、どうするのでしょう○○君」といった具合です。

心理学の代理自我という技法を利用して、自らがもう1人の自分になって実況するのです。思わず笑えてきませんか？　こうして客観的に自分をながめることで、落ち着きを取り戻せます。

さらに有効な一策は、なんといっても1問解けることです。全問をリラックスして確認し、解ける問題から手をつけます。さきほどの実況に続けるなら「でも焦ることはありません○○君。解ける問題を、まず探せばよいのです」となります。

1問解ければ一気に気持ちが楽になります。続けて自信のある解答を積み重ねることで、パニックはいつのまにかどこかにいってしまいます。

自分を客観的にながめて 落ち着きを取り戻そう！

受験生のための

明日へのトビラ

新型コロナウイルス感染症の猛威は衰えず、年明けの入試は「再びのWithコロナ入試」となりそうな気配です。だからといって受験生はその歩みを止めるわけにはいきません。今回のリポートでは入試に関する情報がずらりと並びました。いよいよ始まる2023年度入試に向けてのラストスパート、編集部一同、応援しています。なお、左ページでは現中学2年生向けの情報も掲載しています。

NEWS

神奈川 学力向上進学重点校と同エントリー校は特色検査でマークシート方式を実施 共通選択問題では「マークしてはならない解答欄」があるので注意が必要

神奈川県教育委員会は、2023年度公立高校入試で、ともに県立の学力向上進学重点校と学力向上進学重点校エントリー校の特色検査の解答で「マークシート方式」を採用すると発表した。

学力向上進学重点校5校（横浜翠嵐、川和、柏陽、湘南、厚木）と、学力向上進学重点校エントリー校13校（希望ケ丘、横浜平沼、光陵、横浜国際、横浜緑ケ丘、多摩、横須賀、鎌倉、茅ケ崎北陵、平塚江南、小田原、大和、相模原）の特色検査は、共通問題と共通選択問題を併用して実施されるが、解答について、マークシート方式の解答用紙を使用するとした。ただし横浜国際高等学校国際科国際バカロレアコースは除く。

とくに下記の重要事項について、よく理解しておく必要がある。

【注意事項】

①マークシート方式の解答用紙は、全18校とも同じものを使用。

②マークシート方式は記号選択式問題で、記述式問題の解答は、そのマークシート解答用紙裏面に記述する。(使用されるマークシート解答用紙の見本は神奈川県教委のHPで参照することができる)

③共通問題は全18校が共通した問題で実施する。

④共通選択問題は、各校が問題をそれぞれ選択して出題する。

【重要】

①解答用紙には受検する高校では使用しない共通選択問題を含め、すべての問題のマーク式解答欄が印刷されている。このため受検者が使用しない解答欄もある。

②問題冊子の問題番号と解答用紙の問題番号を一致させるため、受検する高校の問題番号が、問1、問2、問3、問4とは続かない場合がある。

（注）A高校の問題が問1、問2、問4、問6を使用して実施する場合、問題冊子には問1、問2、問4、問6が印刷されるが、問3、問5は印刷されていない。しかし解答用紙には問1～問6、すべてのマーク式解答欄（マーク位置）が印刷されている。A高校の受検者は問1、問2、問4、問6の解答欄のみを使用し、問3、問5の解答欄は飛ばすことで使用しない（=問3、問5の解答欄にはマークはしない。鉛筆の汚れもつけない）。

【神奈川県高校入試の特色検査とは】

2013年度入試から、それまでの推薦入試といえる前期と、学力検査を伴う後期の2回入試が一本化され全校で学力検査が実施されているが、全校共通問題であるため、上位校では受験生のスコアに差がつかない。このため特色検査を加えての選考となっている。

《2024年度（現在中学校2年生受検）情報》

埼玉　早くも発表！ 現中2生が受検する 埼玉県内公立高校2024年度入試日程

埼玉県教育委員会は、現在の中学校2年生が受ける2024年度公立高校の入試日程を早くも発表した。日程は以下の通り。

［出願期間］ 2024年2月7日（水）、8日（木）、9日（金）

※出願期間には「入学願書」、「調査書」、「学習の記録等一覧表」を提出

※2月7日は郵送による提出

［志願先変更期間］ 2月14日（水）、15日（木）

［学力検査］ 2月21日（水）

［実技検査（芸術系学科等）、面接（一部の学校）］ 2月22日（木）

［合格発表］ 3月1日（金）

［追検査］ 3月4日（月）

［追検査合格発表］ 3月6日（水）

［留意事項］

※追検査はインフルエンザ罹患《りかん》をはじめとするやむを得ない事情により学力検査を受検できなかった志願者を対象とする。

※追検査の合格者は、原則、募集人員の枠外で決定する。

東京　科学技術高に「理数に関する学科」 多摩科技高を追随できるか注目

東京都教育委員会は2024年度募集から、都立科学技術高（江東区）に「理数に関する学科」を設置する。

理数に関する学科はこれまで都立高校にはなかったが、2022年4月、立川高に創造理数科が設置された。科学技術高では、これに次ぐ開科となる。

予定される推薦入試では、志願者は科学的な取組に関するレポート（A4判2枚以内）を出願時に提出、このレポートに関する口頭試問がある。

一般入試では「理数に関する学科」、「理数に関する学科・科学技術科（併願）」もしくは従来から設置の「科学技術科」のいずれかを選択して出願する。

多摩地区では、2010年都立小金井工業高の全日制廃科を受けて開校した都立多摩科学技術高（小金井市）が、難関大学への合格実績を着々と伸ばし、2017年には東大合格も果たして、翌春、都から進学指導推進校の指定を受けている。文部科学省からもスーパーサイエンスハイスクール3期目の指定を受け、実践中。

東京　英語スピーキングテスト初の実施 年明けの都立高校入試に得点を加算

来年度の都立高校入試得点に加算される中学校英語スピーキングテスト（略称ESAT-J）が11月27日、初めて実施された。都内約200会場を使い公立中学校生約6万9000人が受験した。受験申し込みは約7万6000人いたため、少なくとも約7000人が欠席した。都の教育委員会は「新型コロナウイルスや季節性インフルエンザなどでの病欠が多かった」と説明している。

同テストは午後1時集合、前半組と後半組に分かれて行われた。テストは都教委と提携するベネッセコーポレーションが実施。受験生は15分間で8問に答え、英文を声に出して読み、タブレットに録音する形式。

音声はフィリピンに送られて採点される。1020点満点の都立高校入試で、このテストは20点を占める。

問題と解答例は都教委のHP内「中学校英語スピーキングテスト（ESAT-J）」の特設ページで閲覧できる。

なお、予備日の12月18日に追試も行われた。

東京　都立高校推薦入試、一般入試ともに 全校インターネット出願を正式発表

2023年度都立高校入試では推薦入試・一般入試ともにインターネット出願を実施する。分割後期・二次募集、国際高校の国際バカロレアコース等では窓口出願。

【インターネット出願の手順】 志望する都立高校専用の出願サイト（miraicompass）へアクセスし、メールアドレスを登録、ユーザーIDを取得。

【入学願書扱いの志願者情報を入力】 志願者氏名、生年月日、中学校名、保護者氏名、現住所などを入力。

【顔写真の登録】 顔写真データ（JPEGかPNG形式）を用意し、サイトのマイページから顔写真を登録。

【登録内容の一時保存】 入力した内容を一時保存し、中学校の先生に入力完了を報告。以下の承認を得る。

【中学校による出願の承認】 必要事項の入力後、在籍する中学校が入力内容を確認し出願の承認を行う。承認後、入学考査料の支払いができる。

【入学考査料の支払い】 クレジットカード、または納付書（金融機関の窓口で支払ったあと、領収証書の写真を出願サイトへアップロードする）で支払う。

【提出書類を中学校から郵送】 出願を承認した中学校は、その受検生に関して必要な書類（願書等はインターネットに志願者情報を記すことで終えているが、面接のある学校は自己PRカードの提出が必要）として、調査書、スピーキングテストスコア、推薦入試の場合は一般推薦書を加え、専用封筒、簡易書留で志願校へ。

私立高校人気は続いている

公立の制度変更の影響が大

首都圏私立高校入試展望2023

都県により制度が異なるので注意が必要

首都圏の私立高校入試は、都県ごとに制度がかなり違い、受験事情も様々です。間近に迫った私立高校入試への対応策をしっかりと考えましょう。

新型コロナウイルス感染症はいまだ収まりません。感染者数は相変わらずプラスの日々が続き、新たな変異株も登場しています。当然、高校入試にも影を落とすところとなり、受験生には気の毒な状況が続きます。受験生同士、互いを大切にし、予防対策の徹底を継続しましょう。

さて、千葉県や埼玉県では公立高校の入試制度変更から時日は経ていますが、影響を受けた私立高校入試でも、合否バランスの予測はつきにくく、まだまだ予断を許さない状況です。不安はありますが、入試の日は待ったなしで訪れます。ポジティブ思考で突き進む、みなさんの健闘をお祈りしています。

《一連の情報は12月10日現在》

東京都私立高校入試展望2023

東京都内の私立高校は、推薦入試が1月22日から始まります。推薦入試を受ける生徒の多くは、その私立高校には、ほぼ合格、進学を認められている生徒です。ここでは一般入試の動向をみていきます。受験のメインである一般入試は2月10日以降に行われます。

大学附属校の巻き返しは？ 都立との関係にも注意が必要

私立高校の一般入試は筆記試験などを受けて合否が決まる入試です。「学力試験（筆記）」「調査書」「面接」などで評価されます。学力試験は「国語・数学・英語」と「面接」が一般的で、「2教科と面接」や「作文」を課す学校もあります。

２０１８年度入試以降、一般入試では「大学附属校人気」が高まっていましたが、２０２１年度からは大学附属校の「受験者減少」がめだつようになりました。難関私立大学の入学定員厳格化が緩んできたことが影響していると考えられます。

２０２３年度、都立高校の入試では、男女別定員の緩和措置がさらに拡大（10％→20％）して実施されます。このため、男子または女子にとって倍率以上に厳しくなる都立高校が出てくる可能性があり、安全策として私立高校の併願制度を利用する受験生が多くなりそうです。

私立高校の多くは一般入試で「併願優遇制度」を設けています。

都立高校志望者が、押さえ（すべり止め）の都内の私立高校を確保するには、この枠を利用するのが一般的です。

都立高校が第1志望で「もし都立高校が不合格だったら、うちの学校（私立）に入学してください」というのが一般的な併願優遇です。各校が定めた内申点の基準などを満たしていれば優遇を受けられるため、合格の可能性は高まります。

２０２２年度はコロナ禍の影響から併願優遇を、登校する必要のない「書類選考」の形式にした学校もありましたが、一度も生徒と接触の機会がないまま入学にいたることに批判的な意見もあり、今年度入試では（神奈川県生向けは残っていますが）都内生向けの「書類選考」方式の入試は国際生入試を除きありません。

なお、２０２３年度の学校改革として、東京女子学園が女子校から共学となり、芝国際に校名変更します。

日本音楽も女子校から共学校となり品川学藝に校名変更のうえ、音楽科は残しながら、普通科に生まれ変わります。自由ヶ丘学園は男子校から共学校になります。

このうち、芝国際はインターナショナルスクール併設などで注目を集め、高倍率となりそうです。また、人気の広尾学園小石川は２０２４年度は、募集が国際生のみに変更される予定で、一般の高校募集は最後となるので倍率も高くなりそうです。

２０２１年度から5教科入試も始め、都立校との併願がしやすくなったことで、多くの受験生を集める男子校の巣鴨も高倍率が続きそうです。

神奈川県私立高校入試展望2023

神奈川川県内の私立高校は、東京都と同じ日程で、推薦入試が1月22日から始まります。推薦入試を受ける生徒の多くは、すでにほぼ合格を認められている生徒です。受験のメインである一般入試は2月10日以降一斉に行われます。ここでは、一般入試の動向をみていきます。

私立高校人気は高いままか 書類選考入試に根強い人気

私立高校入試は公立高校より入試日程が早く「早く進路を決めたい」受験生にとっては魅力的で、公私間の学費格差が緩和していることもあって、私立志向は続きそうです。

公立高校が第1志望で、県内の私立高校を押さえ（すべり止め）にする受験生は、一般入試のうちの「併願受験」や「書類選考」の枠を利用するのが基本となっています。

そのほかの一般入試では、学力試験を課す、本来の意味での一般入試があり、一般入試の制度はさらに単願（専願）、併願、オープン入試などに分かれます。

オープン入試以外は出願書類（内申書）が選抜資料となるため、内申点が非常に重要になってきます。神奈川県方式ともいえる「書類選考」は、学校に出向いての筆記試験はない制度で、各校の内申基準などを満たし「入試相談」に行っていれば、書類審査のみで合格が決まります。

コロナ禍もあって「密」を避けられる書類選考が注目され、また併願可能なことから、実施校が２０２２年度には39校、受験者は合計で約２万７０００人におよびました。

法政国際、法政第二の書類選考は第1志望者のみが対象です。それ以外の各校は併願が可能です。

神奈川県の併願受験の制度でも、12月の入試相談で内申基準などを満たせば、ほぼ合格となりますが、2月の筆記試験受験は必須です。

２０２３年度、聖ヨゼフ学園（女子校）では中学の共学化に続き、高校も共学に変わります。

千葉県私立高校入試展望2023

千葉県の私立高校入試は「前期勝負」です。公立高校入試が前後期制を廃して1本化されたことから私立高校入試の後期が遅くなり、後期の〝需要〟はさらに乏しくなりました。「私立は前期で決める」が受験生の合言葉です。

ほぼすべてが前期受験へ「前期勝負」で合格確保を

千葉県の私立高校入試は「前期・後期選抜」の枠組みとなっており、前期が1月17日以降、後期は2月15日以降に行われます。

ただ、前期が主体の入試となっています。

千葉県の公立高校入試については、２０２１年度入試でかつての前期・後期制を廃して入試が「１本化」されました。

公立高校の入試日程が繰り下がったことに呼応して、私立高校の後期も２０２０年度までの「２月５日以降」より10日も遅くなりました。

現在も後期は一応設定されていますが、私立高校入試は完全に前期入試中心になっています。定員比率をみると県内の私立高校では、前期定員98%、後期定員２%です。応募者の数でも前期が約99%です。

とくに上位レベルの高校では、後期を実施する学校がほぼなくなっています。

このように、千葉県の私立高校入試は「前期勝負」がすべてともいえる状況です。高校受験パターンは、前期の併願推薦で安全校として合格を確保し、その後公立高校や私立高校上位校にチャレンジというパターンで固まっています。

私立高校狙いの受験生は、このように集中する厳しさのなかでも強い気持ちで、しっかり「前期で合格」することが必要となっています。

なお、千葉では２０２３年度、流通経済大学付属柏に中学校が開設されるのを機に、高校と共用で最新設備の「図書・メディア棟」が完成し、高校も人気を集めそうです。

埼玉県私立高校入試展望2023

埼玉県の私立高校入試は公立高校入試より早く始まり、高校や募集区分によって試験の日程が違うので注意が必要です。２０２３年度入試の埼玉県の私立高校入試開始日は1月22日です。ほとんどの私立高校が22日からの数日間に併願入試を2～3回実施します。この1月併願入試に、ほぼすべての受験生が集中するのが、埼玉県独特の入試状況となっています。

埼玉県私立高校入試の形態は呼び方や分け方が各校で異なる

埼玉県の私立高校入試の形態は高校によって呼び方や分け方が様々で、「推薦」と「一般」に分けたり、「単願」と「併願」とに分けたりする高校もあります。

「単願」は、合格したら必ず入学する前提で受験するものです。一方、「併願」はほかの私立高校や公立高校も受験が可能です。どちらの場合も合格の確率を上げるためには、各校が定める内申書や成績の基準に達することが必要です。

注意したいのは一部の難関高校です。これらの学校では、合否判定に内申書などの提出書類を使用せず、入試当日の試験（おもに学力試験）の成績によって合否が決定します。

「1月併願」が柱の受験に受けやすい私立高校入試

埼玉の公立高校では、入試日程が2月下旬以降へと移り、受験のタイムスケジュールが繰り下がる変化をみせています。公立高校は2月9日から郵送による出願が始まるため、冬休み中の学習の成果や、通知書の内容を確認してから、受験校の最終決定ができます。

冒頭で述べた1月の併願入試時期が、受験のピークとなっているのが埼玉県私立高校入試の基本図です。

1月の併願入試では、3月の公立高校合格発表まで他校との併願ができ、さらに、12月までの「個別相談」で合格がほぼ判明する〝優遇〟があります。

このため、受験のシステムを理解できればとても利用しやすく、毎年、受験生は1月併願で押さえ（すべり止め）となる県内私立高校をしっかりと確保して、第1志望の公立高校や、さらにレベルの高い私立高校に挑戦していく受験パターンが、埼玉県の「定番」になっているのです。

私立高校における入学手続きの際に、公立高校の合格発表まで、入学金や学費の納入を待ってくれる制度を「延納制度」といいます。埼玉県の私立高校のほとんどにこの「延納制度」があるのも、私立高校の受けやすさにつながっています。

私立高校人気続くなか

Withコロナ入試3年目へ

首都圏公立高校入試展望2023

安田教育研究所 代表　安田 理

私立、通信制の人気で二極化強まる公立高校

2020年のような一斉休校こそありませんが、現在もコロナ禍は続いています。流行当初より実施の機会は増えたものの、合同相談会や学校説明会、文化祭などの公開行事は参加が制限されました。予約ができなくて苦労したご家庭も多かったことでしょう。東京都、神奈川県、千葉県、埼玉県とも中3人口は2年連続で増加します。東京都と神奈川県は公立高校の募集数も増えます。一方、人口が微増の千葉県、埼玉県では公立高校の募集数を削減します。私立高校志向や通信制高校志望が高まる一方、公立高校の人気は二極化が続きそうです。

新たに登場した新型コロナウイルス変異株感染者が増える危険性もあります。その影響で入試直前まで変更が出るかもしれませんから、ホームページなどで必ず情報をチェックしてください。《一連の情報は12月10日現在》

東京都立高校入試展望2023

2023年度の東京都立高校入試では11月27日に実施されたスピーキングテストの結果が一般入試の合否判定時に加算されます。

普通科では前年から実施された男女別定員の緩和が10％から20％に拡大。中3人口増に対応し20校で募集数が増えます。なお、感染対策のため、推薦入試では集団討論がなくなっています。これは3年連続での中止です。

スピーキングテスト導入で一部敬遠傾向の可能性

都立高校の一般入試では、合否判定時に英語スピーキングテスト（ESAT－J）の結果が加算されるようになります。11月27日に実施されたもので、結果は調査書に記載されます。6段階評価で20点満点とし、原則1000点満点から1020点満点に変わっています。

受験校によって異なりますが、全体に占める割合は2％弱で、調査書点の主要5科1科目分とほぼ同じです。合否を大きく左右する割合には感じられませんが、1点を争うような競争率の高い高校の場合には無視できないでしょう。

入試制度が変更される初年度は一部で敬遠傾向が起きるものです。スピーキングテストの導入はそう大きな変更にはみえませんが、客観性・公平性が一部疑問視されるなど、反対意見も報道されていました。

1月中旬に判明する結果を待たずに都立高校から私立高校に希望を変更するケースが例年より増えることも考えられます。

普通科の男女別定員はさらに緩和し20％へ

都立普通科高校では男女別定員制を実施しています。高校によって男女で合格基準に差があり、女子に不利な状況が少なくありませんでした。

そこで段階的に見直していくことになったのです。

２０２２年度、普通科高校全校で10％の定員緩和が行われ、今年度は20％に拡大されます。募集定員の20％は男女別ではなく男女合同定員で選抜を行うというものです。

女子が不利になるケースが多いものの、高校によっては男子が不利になることもありますし、定員割れ校をはじめ、ほとんど変わらない場合もあります。ただ、青山や小山台などのような人気校で、男子より女子の実質倍率が高かったケースについては、女子の倍率が緩和し男子は上昇することも予想されます。

駒場、三田が臨時募集増 はたして生徒が集まるか

２０２３年度の都内公立中学校卒業予定者数は7万7687人で、前年より1197人増えています。この人口増加に対応して、都立の全日制高校では20校が募集数を1クラス増やします。人気校である駒場、三田が増員校になっていますが、進学指導重点校での増員はありません。

２０２２年度、増員した竹早、広尾は、今年度1クラス減でそれまでのクラス数に戻します。

前年まで実倍率がさほど高くなかった増員校もあるため、応募者の呼び水にいたらず、定員割れしてしまうケースも考えられます。

白鷗が募集停止 青山が推薦枠を増加

中高一貫校の白鷗が完全中高一貫校になるため、２０２３年度の高校募集を停止します。2クラス募集でしたから上位校をめざす受験生にとっては選択肢が減ることになります。これで高校募集を行う都立中高一貫校はなくなりました。実質的に上位校の選択肢は減ったともいえます。

一方で青山が推薦枠を10％から20％に拡大します。２０２２年度、推薦入試の応募倍率は男子5・93倍、女子9・62倍とトップでした。今年度は合格数が倍になるので、倍率は低下しそうですが、その分、一般入試の倍率上昇が予想されます。人気の高い進学指導重点校だけに厳しい入試が続きそうです。

推薦の集団討論中止を継続 3年連続での措置に

新型コロナウイルス感染防止対策として前年までに引き続き、都立高校推薦入試では集団討論を中止します。２０２１年度は「集団討論がなくなって受けやすくなった」と考えた受験生が増えたせいか、応募者が増加しました。２０２２年度は一転して減少しています。高倍率に変わりはないため、２０２３年度も応募者数の変化は小さいと思われます。

ただ、すでに3年連続での中止ですから、現在の中2以下は集団討論とはどんなものか、イメージすることが難しくなるでしょう。

今後、推薦入試に集団討論が復活する初年度は、集団討論が実施された初年度と同様、推薦入試を敬遠する傾向がみられることになるかもしれません。

◆都立高校推薦入試の集団討論

２０１６〜２０２０年度まで実施されたが、以降3年間中止。

5〜6人のグループで、与えられたテーマについて結論を導くための話しあいを、各校平均で30分程度で行う。なかには立候補して司会役を担う受検生もいる。テーマは学校行事や社会問題。多くの学校がはじめに2〜10分の短時間、考えをまとめる時間を取る。

意見の説得力、表現力、リーダーシップなどが採点材料。

コロナ禍で動向に変化も 私立高校志向広がる

重症化する感染者数の減少で落ち着いたようにもみえるコロナ禍ですが、学校情報、入試情報とも収集の遅れは続いています。

就学支援金の充実で公私間学費格差は緩和されました。教育内容ばかりでなく説明会や学校情報の発信力も含めたコロナ禍での対応力の早さで評価を上げた私立高校の人気は引き続き上がりそうです。「早く進路を決めたい」となれば、日程の早い私立高校の推薦入試で安全策をと考えがちですから、私立志向がさらに強まることも考えられます。

神奈川県公立高校入試展望２０２３

２０２３年度の神奈川県公立高校入試では前年に続き、中３人口の増加に対応した募集数の臨時増加があります。昨年はなかった学力向上進学重点校・同エントリー校からも増員校が登場しました。さらに２０２４年度入試から、面接が全校実施ではなくなり特色検査の一部となるなどの変更が予定されています。つまり、現行の入試制度は２０２３年度が最後の実施となります。

川和、鎌倉が人口増加に対応し臨時募集増

２０２３年度の公立中学校卒業予定者数は前年より９０３人増の６万７９８４人が見込まれています。公立高校では前年より４００人多い４万１５０７人を募集予定です。臨時増員校は16校ありますが、前年増の影響から６校減少します。

注目されるのは学力向上進学重点校の川和と同エントリー校の鎌倉が増員することです。どちらも受検生を集める人気校です。前年、増員校は20校ありましたが、学力向上進学重点校や同エントリー校の募集数変更はありませんでした。

川和、鎌倉は特色検査の自己表現検査実施校であるため対策が必要です。定員増によって実質倍率が緩和する可能性はありますが、難度は変わらないと考えるべきでしょう。

神奈川県の公立高校では欠員募集数が増えていることから、人気の二極化と全体的な倍率緩和傾向が続いています。中３人口の増加に配慮した定員増は受験生にとって悪い話ではありません。しかし、募集増加校のなかには応募者数が募集数を下回るケースも考えられます。

なお、毎年10月下旬に実施される進路希望調査結果では横浜翠嵐の希望者数が１０６２人から９４５人に減少しました。一方、２番目に多かった湘南は７８４人から９２１人に増加。前年調査時の３００人近い差を24人に縮めて、横浜翠嵐に迫っています。近年は横浜翠嵐の圧倒的な人気が目立ちますが、今年は湘南が応募者を増やすかが注目されます。

現中２の２０２４年度入試は一部制度変更あり

現中２が受検する２０２４年度か

ら神奈川県公立高校の入試制度が一部変更されます。

これまで全校で実施されていた面接は特色検査の1つに変わります。多くの高校で面接はなくなる可能性が高まりました。面接点がなくなるので、合否判定の計算方法も変更されます。

代わりに調査書の観点別評価のうち、「主体的に学習に取り組む態度」が第2次選考で活用されます。これまで第2次選考では調査書点は関係なく定員の10%を選抜してきました。新制度では調査書点の重要性が増すことになります。

私立高校の書類選考入試も基準は調査書がもとになっているので、神奈川県の受験生にとっては通学している公立中学校の調査書点はますます重要になってきます。

千葉県公立高校入試展望２０２３

２０２３年度の千葉県公立高校入試は入試機会が一本化されてから3回目を迎えます。２０２２年度は応募者数を増やしましたが、平均応募倍率は1・11倍であまり高くありませんでした。２０２３年度は公立中学校卒業予定者数が微増するにもかかわらず、公立高校の定員数を削減します。

前年、県立千葉で導入されて注目された「思考力を問う問題」の実施校が広がり、今回は3校に増加します。

中学校卒業予定者数微増でも募集数３６０人削減

２０２３年度の千葉県内全体の公立中学校卒業予定者数は80人増の５万３０８０人と予想されています。ほぼ前年並みではありますが、人口が増えているのに公立高校の募集数は削減されます。ただ、募集数を減らす9校の多くは実倍率1倍でしたので、全体的な影響は少ないものと考えられます。

神奈川県の項でお伝えした公立高校の人気の二極化、私立高校や通信制高校の人気による公立全日制高校離れは首都圏全体でみられる傾向です。加えて、千葉県の場合、入試機会の一本化以降、全体の平均応募倍率が下がっているうえ、学区によっては人口減の影響が顕著です。欠員も１９３７人から２３１２人に増え、人口の多い東京都の２２８９人さえ上回りました。1都3県で最多でしたので、定員を増やせないと判断したのでしょう。今後は高校の統廃合が進むことになりそうです。

東葛飾、千葉東でも「思考力を問う問題」導入

２０２２年度の県立千葉に続いて、東葛飾と千葉東が作文を取り止め、「思考力を問う問題（以下、思考力）」を導入します。どちらも難度・人気ともに高い進学校です。

県立千葉で実施された学力検査とサンプル問題を参考にできるものの、「思考力」導入により、敬遠する向きもあるかもしれません。しかし応募者が減っても難度は変わらないと考えるべきです。

ただ今回、県立御三家とも称される県立船橋が「思考力」を導入していません。県立千葉、東葛飾より応募者を増やすのか気になるところです。東京都の自校作成問題、神奈川県の特色検査、埼玉県の学校選択問題と名称は異なりますが、公立難関校では難度の高い学力検査が定着しています。千葉県でも同様の動きになれば「思考力」導入校はさらに増えるかもしれません。

中等教育学校に移行する市立稲毛は募集継続

市立稲毛国際中等教育学校に転換する市立稲毛では段階的に募集数を削減しています。２０２２年度に2クラス削減しましたが、２０２３年度は普通科3クラス、国際教養1クラスの募集を継続し、２０２５年度に高校募集を停止する予定です。

前述の「思考力」導入校である東葛飾、千葉東を回避した上位生が市立稲毛にシフトすると、その影響で応募倍率が上昇することも考えられます。また市立稲毛に加え、柏でも同様の可能性があります。

埼玉県公立高校入試展望２０２３

２０２３年度の埼玉県内公立中学校卒業予定者数が前年同様増加し、70人増の6万３４２９人が予想されています。ほぼ同数ですが、公立高校の募集数は3万６４００人で７２０人削減されます。なお、上位校で導入されている学校選択問題実施校は前年と同じ22校です。

前年の募集数６８０人増から今度は７２０人削減へ

前年の２０２２年度埼玉県公立高校入試では、公立中学校卒業予定者数が１６２６人も増えたのに対応して、公立全日制高校の募集数は６８０人増えました。

平均応募倍率は1・09倍から1・10倍にわずかに高まりましたが、定員割れした学校も多く、県全体での欠員は１４５８人から１６８２人に増えました。

埼玉県では就学支援金が充実しています。このことにより県内私立高校への志願者は増加傾向が続いています。

また、近隣他都県と同様、通信制高校志望者も増えています。

公立高校でも人気校に応募者が集中する一方、定員割れ校も含め実倍率が低い高校も増加しています。このような状況が次年度も続くことが予想されることから、冒頭で示した７２０人の募集数削減へとつながったのでしょう。千葉県と状況は似ています。

減員校のなかには２０２２年度の増員から元に戻る越ケ谷や、普通科が定員割れになった春日部女子も含まれています、このような学校の実倍率は上昇するかもしれません。

しかし、減員校では２０２２年度の実倍率が低かったところも多く、定員割れ校の減少につながっても、大きく難化するとは考えにくい状況です。

学校選択問題を導入するのは前年同様の22校

埼玉県の公立高校入試では、英語と数学の学力検査について、共通問題を採用する学校と学校選択問題を出題する学校の2種類に分かれています。

２０２３年度に学校選択問題を出題するのは、難関上位校・人気校をはじめとした22校（浦和、浦和第一女子、浦和西、大宮、春日部、川口北、川越、川越女子、川越南、熊谷、熊谷女子、熊谷西、越ケ谷、越谷北、所沢、所沢北、不動岡、和光国際、蕨、さいたま市立浦和、さいたま市立大宮北、川口市立）です。２０２２年度に市立大宮北が加わり、２０２１年度は春日部女子が外れ、川口市立が加わりました。

学校選択問題は記述をはじめ応用問題中心に出題されます。問題が難しくなるため、実施校によっては敬遠する受検生もいることでしょう。しかし、人気校・難関校では応募者数、難度とも高い状態は変わらないことが予想されます。

さて、２０２２年10月の進路希望調査では、前年までと同様、県内の私立高校希望者数が増えています。コロナ禍でのオンライン授業をはじめとした対応力への評価が高まり、就学支援金の充実で学費の公私間格差が緩和し続けている影響でしょう。大学入試の難化や今後の入試制度変更にも対応できる私立高校への評価が上昇しています。

コロナ禍による制限が続き、学校説明会や合同相談会に参加したいのに満席で断られてしまう状況は今年もありました。

公立高校の説明会に申し込めず志望校をなかなか決められなかった受検生も少なくありません。一方、私立高校は説明会の回数を増やすなど、受験生の希望に応えるよう配慮したところが数多くありました。

埼玉県では1月下旬に合否の多くが決まる私立高校に対し、公立高校の合格発表は3月です。コロナ禍への不安から「早く進路を決めたい」と考える受験生や保護者が増えていることも私立高校志向を高めています。

あの学校の魅力伝えます
スクペディア No. 92

かえつ有明《ありあけ》高等学校

東京都　江東区　共学校

所在地：東京都江東区東雲２-16-1　生徒数：男子320名、女子236名　TEL：03-5564-2161　URL：https://www.ariake.kaetsu.ac.jp/
アクセス：りんかい線「東雲駅」徒歩８分、地下鉄有楽町線「辰巳駅」徒歩18分、地下鉄有楽町線・ゆりかもめ「豊洲駅」、都営大江戸線「勝どき駅」バス

主体的に行動し豊かな人生を創造する

かえつ有明高等学校（以下、かえつ有明）は、アクティブラーニングや探究学習を多く取り入れ、生徒の学習意欲を引き出している学校です。

教育理念は「生徒一人ひとりが持つ個性と才能を生かして、より良い世界を創りだすために主体的に行動できる人間へと成長できる基盤の育成」。かえつ有明では生徒が豊かな人生を歩むために「自分の学びに必要なものを自らつかみ取るプロセス」のサポートが行われています。

なお、生徒の４人に１人は「国際生」（帰国生・留学生・外国籍の生徒）です。多様性を受け入れる校風のなか、互いを認めあう「共感的な対話」を通じ、世界の一員として主体的に活躍できる人材を輩出しています。

多彩な探究学習を国内外で実施

高１では入学してまもなく、全員参加のイギリス・ケンブリッジ研修が行われます。生徒は研修で言葉や文化を学ぶだけでなく、国際問題を解決するためのアイデアや製品を考え、プレゼンテーションをする「Innovation / Design Project」など、探究プログラムにも取り組み、主体的に学習する姿勢を養います。

日々の学校生活では、探究型の学びの感性とスキルを涵養する教科連携型授業「プロジェクト科」を実施。生徒は自分たちで立ち上げたプロジェクトや創作活動を進めながら、同じグループの仲間との対話を通して多様な価値観を理解し、自分の生き方を創造する力、自分らしく表現する力を伸ばしていきます。

ほかにも「LA（ランゲージアーツ）」と呼ばれる英語の授業も、特徴的な学びの１つです。ランゲージアーツとは、言葉を扱う能力のこと。この授業を通じて日本語と同様に英語を使えるようになることをめざし、様々な題材について自分の意見を伝える練習をしながら、論理的な思考力、コミュニケーション能力など、多角的な英語力を身につけます。

さらに、進路実現のための学習支援も充実。放課後講習や長期休暇講習の実施、卒業生やインターンシップ協定校である東京理科大学の教員志望の学生などで構成されたチューターによるメンター制度など、きめ細やかな指導がなされています。

周囲の人々と協働し、世界のためになにができるかを考え、行動する力を育む、かえつ有明。ここで過ごす３年間は創造性に満ちています。

あの学校の魅力伝えます
スクペディア　No. 93

武蔵野《むさしの》大学《だいがく》附属《ふぞく》千代田《ちよだ》高等学院

東京都　千代田区　共学校

所在地：東京都千代田区四番町11　生徒数：男子157名、女子345名　TEL：03-3263-6551　URL：https://chiyoda.ed.jp/
アクセス：地下鉄半蔵門線「半蔵門駅」・地下鉄有楽町線「麹町駅」徒歩5分、JR中央・総武線ほか「市ケ谷駅」・JR中央線ほか「四ツ谷駅」徒歩7分

未来を築く力を持った人材を育成

「叡知・温情・真実・健康・謙虚」という5つの要素から成る〈学園のこころ〉を胸に、生徒の豊かな人間力を育む武蔵野大学附属千代田高等学院（以下、千代田高等学院）。校内はWi-Fi完備のうえ、図書館でありながらそのイメージを凌駕《りょうが》するARC（アカデミックリソースセンター）に、壁一面のホワイトボードに投影するシステムがあるなど、充実した学習環境のなかで自分の力を存分に伸ばしていくことができます。

授業は希望進路に応じて、高1から2コースに分けて行われます。「選抜探究コース」は、国内外の難関大学へ進学することが目標です。高2になると、国際バカロレアのプログラムを導入する「IB系」、国際的な視点から世界の課題に関心を向ける「グローバル探究系」、高度な研究を通して実践的な力を養う「医進探究系」に分かれ、専門性の高い勉強を通じて深い教養を身につけつつ、志望校への合格をめざします。

「附属進学コース」は自分の可能性を広げながら、系列の武蔵野大学をはじめとする様々な進路選択にチャレンジできるコースです。文理選択は高2の段階で行われます。生徒の興味関心を引き出しながら「将来の夢」の実現を手助けする、きめ細やかなサポート体制が魅力です。

正解なき問いに立ち向かい自己の価値観を磨く

千代田高等学院が大切にしているのが、自分自身を見つめるということ。自分は何者であるかという問いに真正面からぶつかり、3年間のなかで「自分の哲学」を見つけることを生徒に望んでいます。

そうした正解のない問いに対して自身の考えを培うことができるよう、多様なジャンルの専門家を招いて、話を聞いたりワークショップを体験したりするLAP（リベラルアーツプロジェクト）が実施されています。2022年度には「プレゼンテーションスキル」や「宇宙法学」、「開発途上国とSDGs」などの授業が開かれました。各分野の「本物」に触れる機会を通して生徒の視野を広げ、将来のキャリア選択に幅を持たせていきます。

画一的な「正解」に身を委ねて生きるのではなく、自身の信念に従って、勇気ある選択をする。千代田高等学院が育てようとしているのは、世界の未来図を塗り替える志を持った、チャレンジ精神のある人物です。

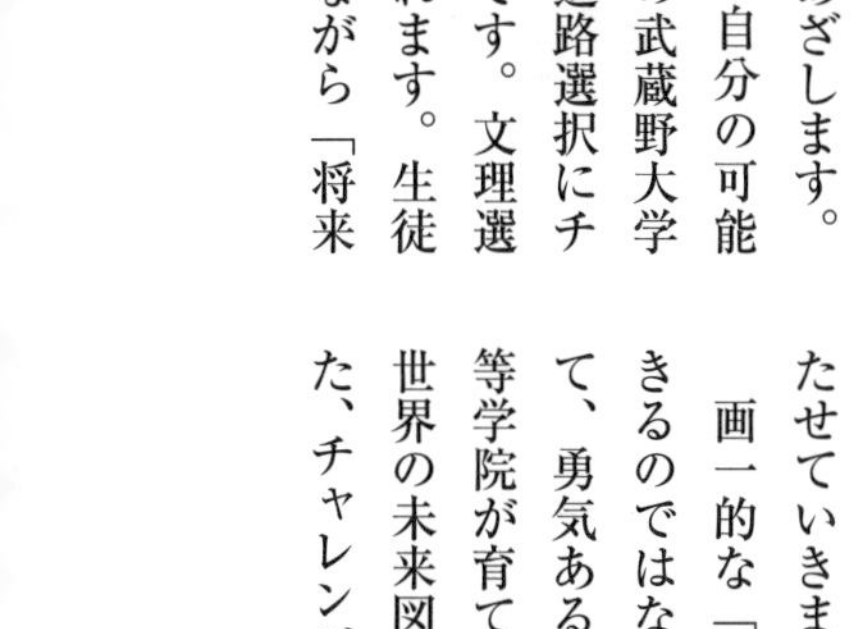

あの学校の魅力伝えます

スクペディア No. 94

桐蔭学園《とういんがくえん》高等学校

神奈川県　横浜市　共学校

所在地：神奈川県横浜市青葉区鉄町1614　生徒数：男子1240名、女子1027名　TEL：045-971-1411　URL：http://toin.ac.jp/high/
アクセス：東急田園都市線「青葉台駅」「市が尾駅」、東急田園都市線・横浜市営地下鉄ブルーライン「あざみ野駅」、小田急線「柿生駅」「新百合ヶ丘駅」バス

夢に向かい成長するための力を育む

緑が多く広々とした桐蔭学園のキャンパス内に校舎をかまえる桐蔭学園高等学校（以下、桐蔭学園）。生徒は充実した施設環境のなかで伸びのびと過ごしながら個性を磨いています。コースには医学部を含む難関国公立大学をめざす「プログレス」、国公立大学・難関私立大学を目標とする「アドバンス」、国公立大学・私立大学にかかわらず幅広い進路をカバーしている「スタンダード」を用意。どのコースも高２より文理別授業が始まり、高３（プログレスを除く）ではさらに私立大学志望者用のカリキュラムも編成されます。

３つの柱によって学びをさらに発展させる

桐蔭学園は「アクティブラーニング型授業」「探究（未来への扉）」「キャリア教育」を学びの３つの柱とし、知識を発展させ将来に活かすためのプログラムを実施しています。

「アクティブラーニング型授業」とは、通常授業に生徒同士で話す・発表するなどの活動を採り入れることで、知識・技能のみならず思考力や判断力を養う取り組みです。授業では最初に知識の定着を確認する「個」での学習を行い、中盤ではペアワークなどの「協働」学習を通して他者との共通点や相違点に気づきます。最後は再び「個」として個人で「ふり返り」を行います。「個」→「協働」→「個」の流れで授業を行うことで、主体性・多様性・協働性をバランスよく育みます。

「探究（未来への扉）」（高１・高２対象）は、自分の興味に沿ったテーマの研究をする探究型授業です。プレゼンテーション資料の作り方など卒業後も役立つ実践的なスキルや様々な角度から物事を把握する力を養います。また探究活動を進める過程で「整理・表現・ふり返り」を繰り返すことで、自分を高めるための学びのサイクルを身につけます。

「キャリア教育」では、卒業生とのつながりを活かした「ジョブシャドウイング」と「研究室シャドウイング」を実施。実際に企業で働く人や、大学の研究員の方に１日密着します。そこでしか体験できない貴重な経験をすることで、生徒は将来へのイメージを膨らませていきます。

３つの柱によって「自ら考え 判断し 行動できる力」を育む桐蔭学園。主体的に学び、生きていく力を伸ばしながら希望進路を実現させたい生徒にはぴったりの学校です。

あの学校の魅力伝えます
スクペディア No. 95

明《めい》治《じ》学《がく》院《いん》東《ひがし》村《むら》山《やま》高等学校

東京都　東村山市　共学校

所在地：東京都東村山市富士見町1-12-3　生徒数：男子371名、女子397名　TEL：042-391-2142　URL：https://www.meijigakuin-higashi.ed.jp/
アクセス：西武拝島線・国分寺線「小川駅」徒歩8分、JR武蔵野線「新小平駅」徒歩25分

キリスト教に基づく心の教育

東京都東村山市に、緑豊かで広々としたキャンパスを持つ明治学院東村山高等学校（以下、明治学院東村山）。「キリスト教に基づく人格教育」を教育理念とする伝統校です。毎朝の礼拝、聖書の授業、特別礼拝やボランティア活動など、学校生活を通してキリスト教に触れる機会を多く設けています。

教育目標は「道徳人・実力人・世界人」の育成です。

「道徳人」とは、「自分に与えられた使命に気付き、権利と義務をわきまえ、神さまと人々を愛することのできる人」です。そして「実力人」とは、「神さまに与えられた自分の能力や特質を発揮し、自分の歩むべき道を見定め、神さまと人々に誠実に仕えることのできる人」です。3つ目の「世界人」とは、「国籍や民族などにとらわれず、世界的視野と行動力をもち、世界の平和を祈念し奉仕する力をもつ人」です。

生徒の個性を伸ばすきめ細やかな指導

明治学院東村山では、教育目標の実現をめざし、特色ある教育を実施しています。高1はキャリアデザイン教育と学力の充実が図られ、生徒の基礎学力を育みながら各自の進路を具体的に決めていきます。その後の高2・高3では進路別のコース制を採用し、具体的に進路を見据えた教育内容となります。

高2は「文系コース」と「理系コース」の2コース制。続く高3は国公立大学・早慶上理・MARCHなど明治学院大学以外の大学への進学をめざす「受験コース・文系」と「受験コース・理系」、明治学院大学への推薦進学をめざす「推薦コース」の3コースとなります。

受験コースは大学入試を意識した演習中心の授業を実施。長期休暇中には多彩な講習も用意するなど、受験に向けてきめ細やかな指導を行います。推薦コースはゼミ活動や卒業研究レポートなどを通して、学ぶ意欲と大学での研究に必要となる基礎力を養成します。

また、教育目標の「世界人」の育成につながることから、ハイレベルな英語教育を実施しているのも魅力です。授業以外に、「40日ホームステイ」や「1年留学制度」など、国際理解教育にも力を入れています。

明治学院東村山は、生徒1人ひとりが輝き、伸びのびと成長できる学校です。

お役立ちアドバイス！

受験生へのアドバイス

第１志望の高校に合格できたとしても、入学後、勉強についていけるかどうか不安に思っている受験生へ

入試の成績は関係ありません。入学後にどのような姿勢で学校生活を送るかが重要です。

Advice

高校入試では、その時点での受験生の学力、将来性などを見極め、入学したあとにほかの生徒といっしょに問題なく勉強を進めていけると判断した場合に、学校は合格者として発表しています。そして入試の成績と入学後の成績にはあまり相関はありません。入試の成績が１番だからといって入学後の成績もつねに１番とは限りませんし、下位の成績や補欠で入学した生徒でも、入学後は学年上位の成績になることも多くみられるそうです。

ある高校の先生から「入試上位の成績で入学した生徒と補欠で合格した生徒が、同じ大学の医学部に合格した」と聞いたことがあります。つまり入学後に、あなたがどのような姿勢で高校生活を送るかがとても大切なのです。

ですから、いまは入試の成績や順位などは気にせずに、第１志望校の合格に向けて最後の頑張りを続けてください。そして合格した暁には自信を持って入学してほしいと思います。高校では勉強だけでなく、部活動や学校行事などに主体的に取り組むことで人間的にも大きく成長するはずです。

ただし、「第１志望の学校に合格できたから、もう大丈夫」と勉強をおろそかにすると、必ず後悔することになります。なにごとも地道にコツコツと進めることが肝心なのだと覚えておいてください。

知って得する

保護者へのアドバイス

併設中学校のある高校に進学した場合、内進生とうまくなじんでいけるかどうか心配している保護者の方へ

どの学校も部活動や学校行事などを通してすぐに仲よくなりますのでご安心ください。

Advice

まず勉強面についてですが、中高一貫を基本とする学校の多くが、中３時点で高１の数学や英語を学習するいわゆる先取り授業を行っていますので、高校から入学する生徒の場合、勉強についていけるかどうか心配になるところです。

このことは学校側も十分にわかっているため、例えば、先取り教科では内進生と高入生を分割した授業、学習進度を調整するための補習、なかには高入生のみのクラス編成にするなど、各校ともしっかりとしたサポート体制を整えています。そして、多くの学校で高２からは内進生、高入生に関係なくいっしょに勉強を進めていますので、ご安心ください。

次に友人関係ですが、内進生の人数の方が多い学校がほとんどだと思いますので、最初は不安かもしれませんが、内進生たちは新しい友だちが入学してくるのを心待ちにしています。高１でクラスは別々でも、部活動や学校行事などは合同で行うため、生徒同士はすぐに仲よくなりますので安心していただいて大丈夫です。

高校段階で生徒募集を行うということは、学校側は生徒の多様性を求めており、そうすることで様々なメリットがあるわけですから、少しも気おくれすることなく、自信を持って高校に入学していただければと思います。

東《とう》京《きょう》都《と》市《し》大《だい》学《がく》等《と》々《ど》力《ろき》高等学校

東京　共学校

問題

次の図の x の値を求めよ。

(1)

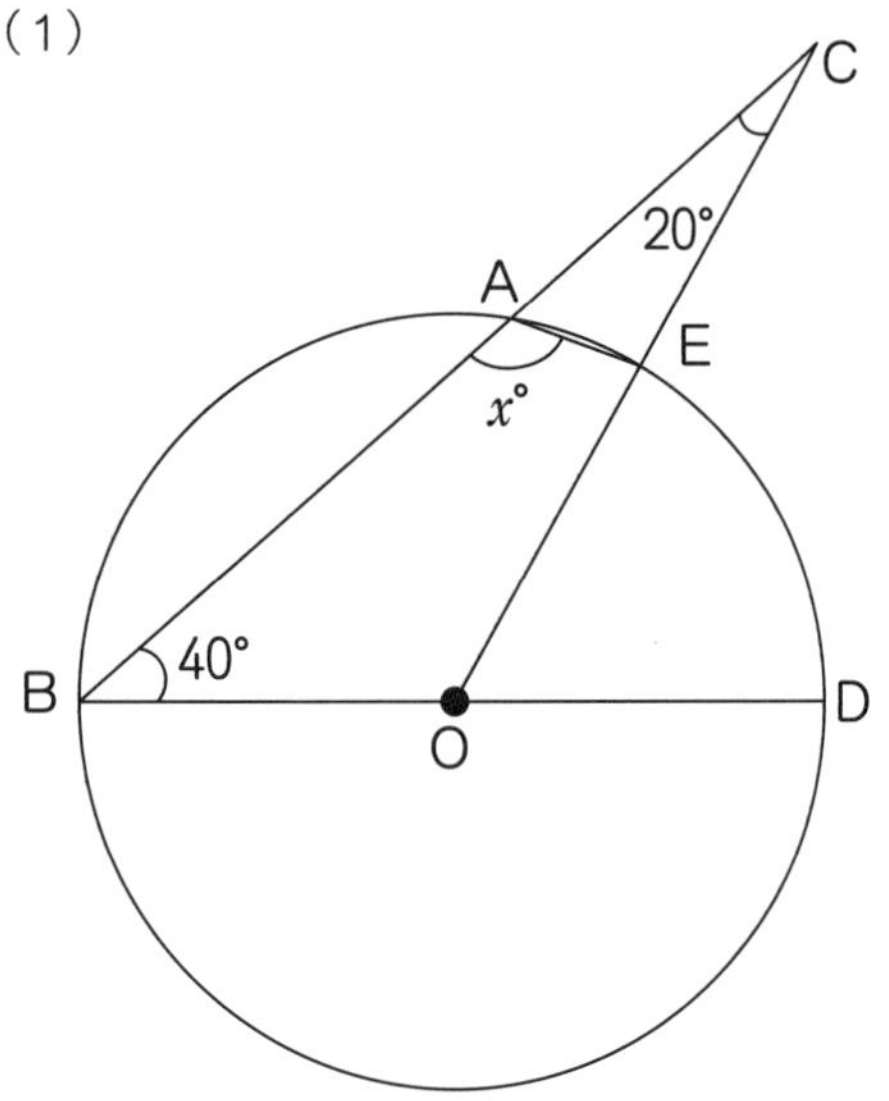

点Oは円の中心

(2)

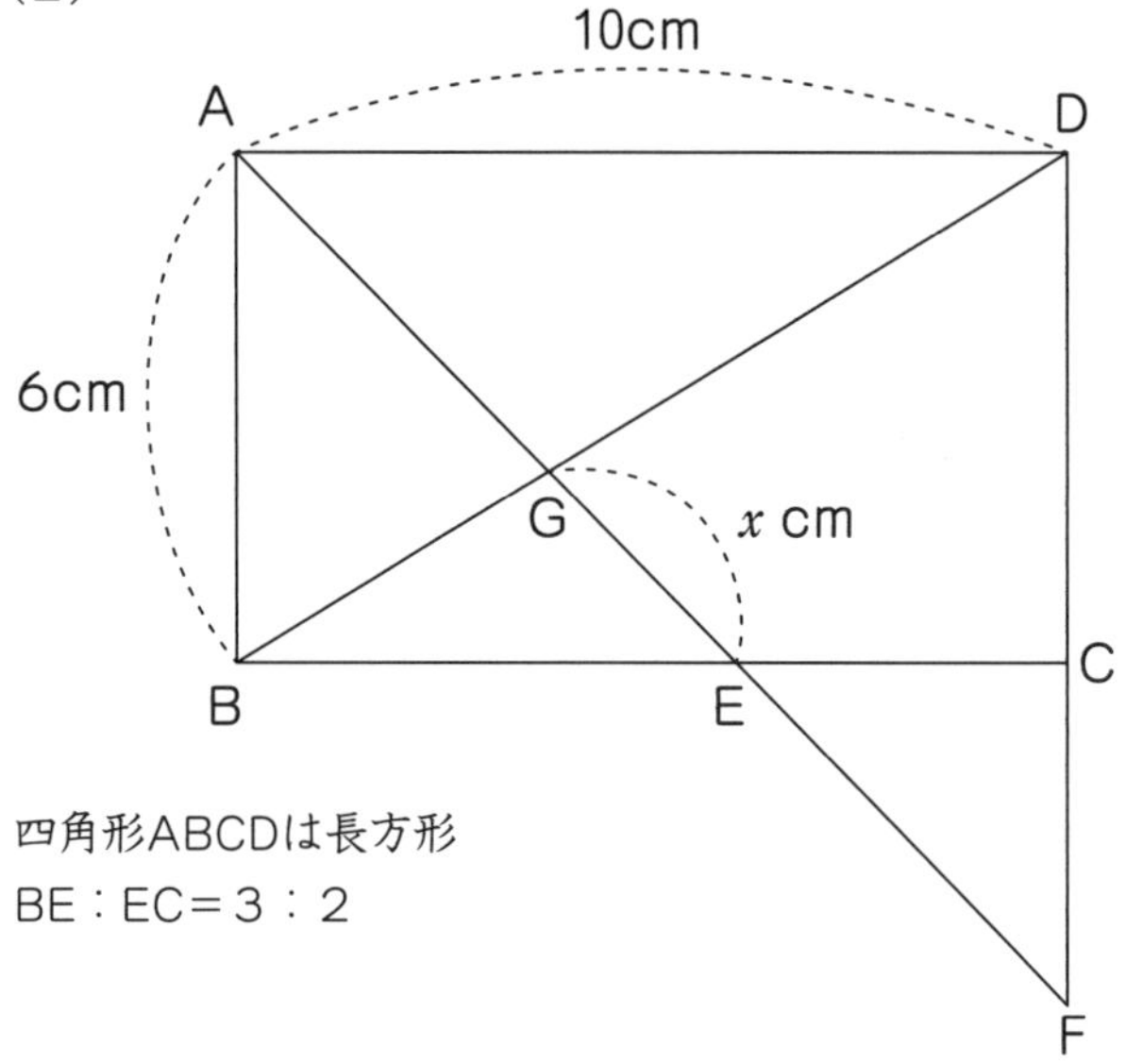

四角形ABCDは長方形

BE：EC＝3：2

(3)

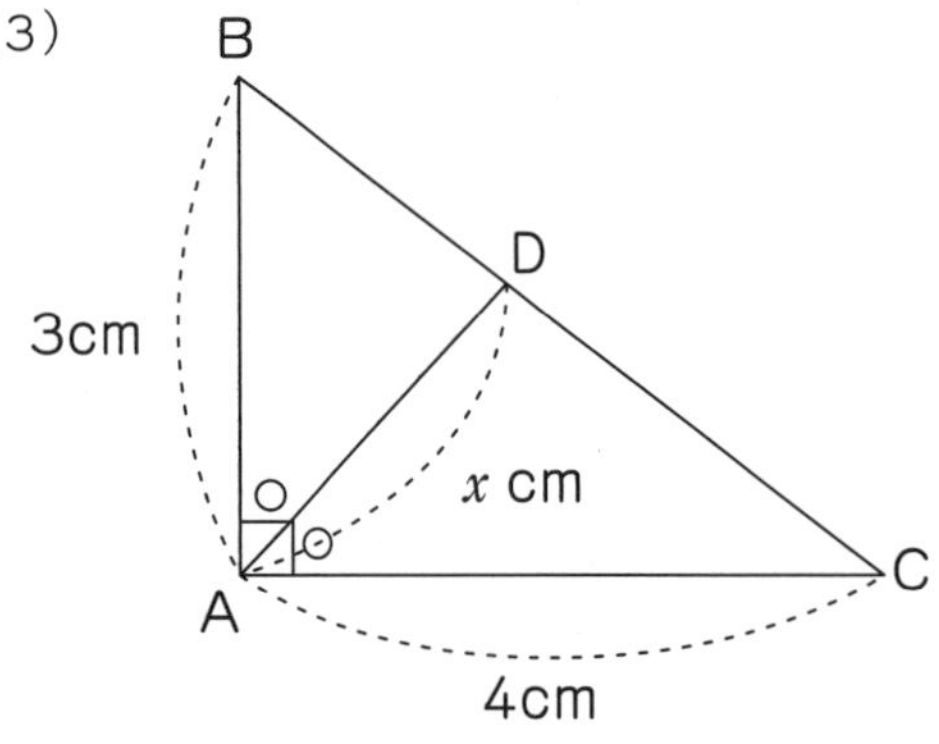

∠A＝90°の直角三角形ABC

∠Aの二等分線と辺BCの交点をD

解答　(1) 120度　(2) $\frac{9\sqrt{2}}{4}$ cm　(3) $\frac{12\sqrt{2}}{7}$ cm

●東京都世田谷区等々力 8 - 10 - 1
●03-5962-0104
●東急大井町線「等々力駅」徒歩10分
●https://www.tcu-todoroki.ed.jp

【2023年度入試日程】
2月13日（月）一般・単願・併願優遇

拓《たく》殖《しょく》大《だい》学《がく》第《だい》一《いち》高等学校

東京　共学校

問題

図のような直方体ABCD-EFGHにおいて，辺CGを３等分したときの点Cに近い方の点をＩとし，線分EIとAGの交点をＰとする。このとき，次の各問に答えよ。

（1）EP：PIを最も簡単な整数の比で表せ。

（2）四角錐《すい》P-EFGHの体積は，直方体ABCD-EFGHの体積の何倍であるか。

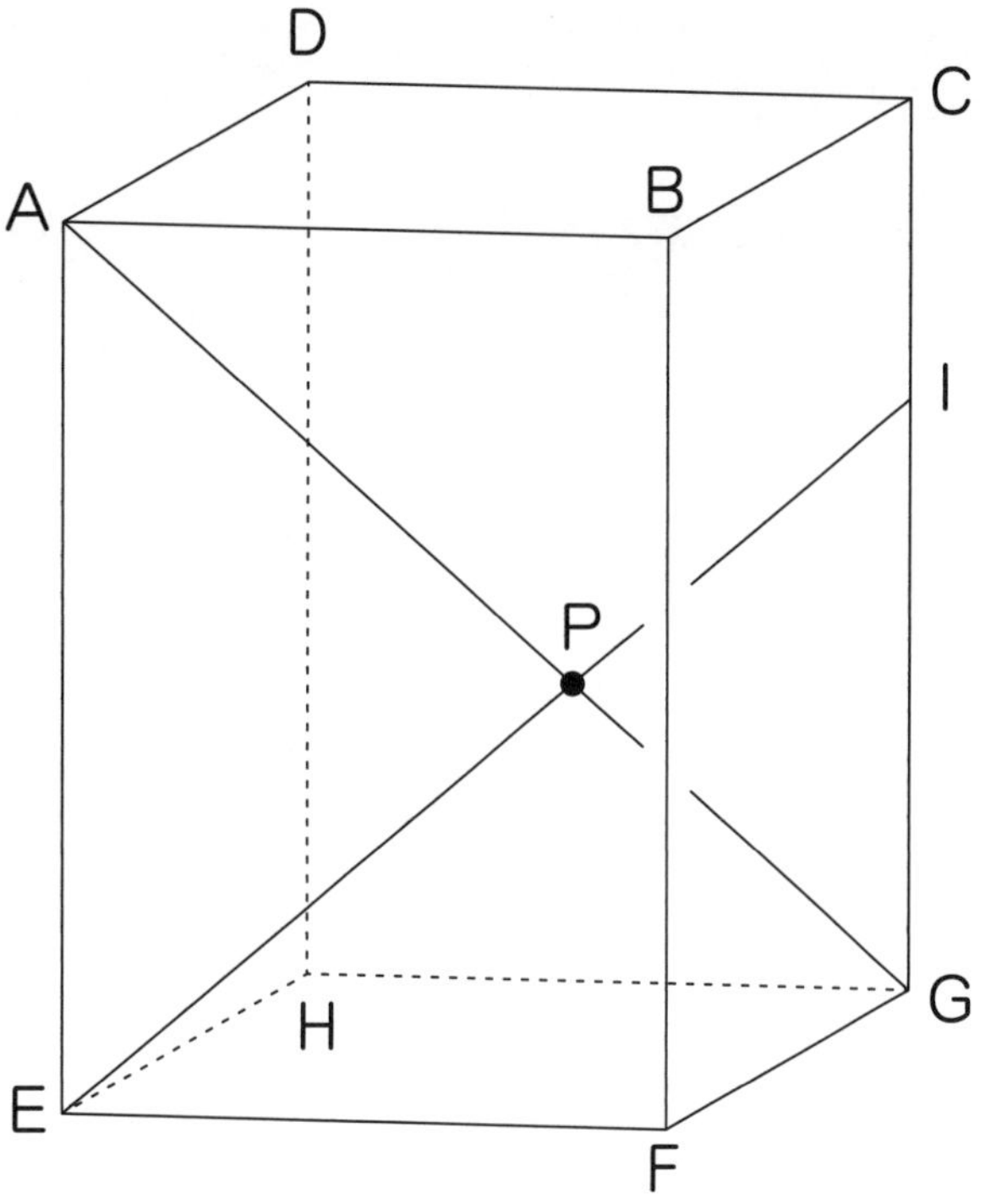

解答　(1) 3：2　(2) $\frac{2}{15}$倍

●東京都武蔵村山市大南４-64-５
●042-590-3311
●多摩都市モノレール・西武拝島線「玉川上水駅」徒歩３分
●https://www.takuichi.ed.jp

【2023年度入試日程】
２月10日（金）一般入試Ⅰ
２月12日（日）一般入試Ⅱ

【中学１・２年生対象説明会】要予約
３月19日（日）10：00～

心を育て　学力を伸ばす

二《に》松《しょう》学《がく》舎《しゃ》大《だい》学《がく》附《ふ》属《ぞく》高等学校

〈共学校〉

地下鉄「九段下駅」から徒歩6分。都心にありながら、豊かな自然と歴史環境に恵まれたロケーションにある二松学舎大学附属高等学校（以下、二松学舎）。併設中学校のない共学の大学附属校として、新入生全員が同じスタートラインから高校生活を始めています。

三兎を追う生徒を求めるアドミッション・ポリシー

二松学舎は、今後ますます多様化が進むと予想される社会を見据え、これまでも、そしてこれからも、日本に根ざした道徳心をベースに、自分で考える力、判断する力、行動する力を養う「学び舎」であり続けます。そして時代に求められる確かな学力、積極性、創造性、協働性を持った人材を育成するために、様々なプログラムを用意しています。

二松学舎がめざす生徒像は、「自らを高めようとする生徒」です。学習だけでなく、部活動や学校行事にも積極的に取り組む「高校生活の三兎を追う」生徒を求めています。

心を育て、学力を伸ばすカリキュラム・ポリシー

二松学舎は、独自の「論語」学習を中心とした人格教育によって、人として大切な心をしっかり育て、社会に役立つ真の学力の育成をめざしています。

●Address
東京都千代田区九段南2-1-32
●TEL
03-3261-9288
●Access
地下鉄東西線・半蔵門線・都営新宿線「九段下駅」徒歩6分
●URL
https://www.nishogakusha-highschool.ac.jp/

「論語」は、週1時間、1年生から3年間、積み上げて学びます。そして、そこで学んだ事柄を実生活に反映させられるような「実践」を意識した授業構成になっています。

二松学舎のもう1つの魅力が、道路を隔てて隣接する二松学舎大学との高大連携教育です。3年生では、自由選択科目として「書道」・「中国語」・「経営学」を大学の校舎で大学生と一緒に学び、二松学舎大学へ進学した場合は、大学の履修単位として認定されます。

また、千代田区九段という立地を活かした探究学習「九段フィールドワーク」を実施しています。二松学舎ならではの主体的・対話的な教育プログラムです。

「2022年度から、二松学舎大学の文学部のなかに歴史文化学科が開設されました。これにより『文学部』と『国際政治経済学部』の2学部6学科となり、生徒の進路選択がより広がりました。新しく開設された歴史文化学科には、日本史専攻・思想文化専攻・欧米アジア史専攻があるので、歴史に興味のある生徒には貴重な学科となるのではないかと思います」と入試広報部長の車田忠継先生は話されます。

生徒の夢を実現させるグラデュエーション・ポリシー

二松学舎は、1年次は特進コース、進学コース、体育コース（硬式野球部のみ）の3コース制です。2年次から理系コースを加えた4コース制となり、生徒1人ひとりの適性に合わせたきめ細かいサポートを行い、4年制大学への現役合格を目標としています。二松学舎大学へは、3年間、一定基準をクリアできた生徒が推薦で進学しますが、ほとんどの生徒が他の難関私立大学へ進学しています。

2022年度大学入試の現役生の進学状況を見てみると、4年制大学への進学率は83・5％（昨年80・6％）、合格率94・7％（昨年97・5％）で、近年、高い数値で推移しています。

これらの結果を受けて、さらなる高みをめざすために、特進コースでは、2022年度より国公立大学の受験も視野に入れたカリキュラムを導入しています。さらに放課後に希望者を対象とした「レベルアップ講習会」を実施し、生徒の学力向上を後押しします。また、進学クラスでは指名制の「ベースアップ講習会」を通して、進学コース全員の学力の底上げをめざし、学校推薦型選抜や総合型選抜など、多様な大学受験に対応していきます。

「これらの取り組みは、生徒の自立した学習習慣の確立が目的です。教えられるだけでなく、自ら目標に向かって主体的に学んでいってほしいと思います。ある教育事業会社が示す学力到達ゾーンを見ても、ここ数年、本校生徒の平均値が上昇しており、さらなる進学実績の向上が見込まれます。より難関大学へチャレンジしようという流れが学校全体で生まれてきましたので、色々な教育改革を進める環境が整いました。

ぜひ一度、本校へおいでいただき、目標に向かっていきいきと活動する生徒の姿をみていただければと思います」（車田先生）

《2023年度入試概要》

	推薦入試	一般入試	
	A・B・C推薦	一般Ⅰ 併願優遇Ⅰ	一般Ⅱ 併願優遇Ⅱ
募集人員	120名	80名	50名
	内、特進コース約40名		
試験日	1/22（日）	2/10（金）	2/12（日）
試験方法	適性検査 面接	一般Ⅰ・Ⅱ：筆記試験・面接 併願優遇Ⅰ・Ⅱ：適性検査・面接	
合格発表	試験当日19時にWeb発表		

千葉県●共学校

市川《いちかわ》高等学校

2004年から帰国生入試を実施している市川高等学校。「個性の尊重と自主自立」の教育理念の下、大人の気づかないところで様々な努力を重ねてきた帰国生の「素質」を伸ばす、個に寄り添った教育を実践しています。生徒の個性や能力を引き出し、生徒自らが考え、意欲的、主体的に学ぶ力を磨きます。今回は、広報部長の高田敏行先生にお話を伺いました。

目の行き届いた帰国生の受け入れ体制

本校では、英語の取り出し授業を除き、帰国生も一般生と同じ内容を学習していきます。そのため、入学後の勉強についていけるかという不安があるかもしれません。

しかし、定期考査前になると勉強会を実施し、帰国生の苦手科目のサポートを行いますのでご安心ください。それ以外でも個々の学習状況を把握しながら、個別に補習を実施するなどして対応しています。

また、苦手分野のサポートだけではなく、得意を伸ばす環境も整っています。

英語の取り出し授業は、指定の試験に合格すれば高校からの入学生でも参加することができ、高校2年生の時点で、大学受験に対応できる英語力を身につけることができます。

早い段階で英語力をしっかり伸ばしておくことで時間の余裕が生まれ、苦手科目の克服や課外活動に取り組むことが可能となります。

一人ひとりが違ったストーリーを持っていますので、「帰国生」として一括りにするのではなく、それぞれの生徒の特徴に合ったサポートで向き合っていくことが重要であると考え、長い目で成長を見守っています。

さらに、皆さんが安心して入学できるよう、帰国生の保護者会を行っています。

中学1年生から高校3年生までの保護者にお集まりいただき、意見交換を行ったり、ネイティブ教員から英語の取り出し授業の内容説明を受けたりする機会となっています。

個性を伸ばす市川の教育方針

本校は進学校ですが、大学受験はあくまで通過点として捉えています。その先の将来像を生徒たちが自分で考え、見つけた目標を達成するために自発的に学習する風土があります。

そして、生徒たちのやる気をさらに伸ばす教員のサポートにより、希望の進路を実現した卒業生を多く輩

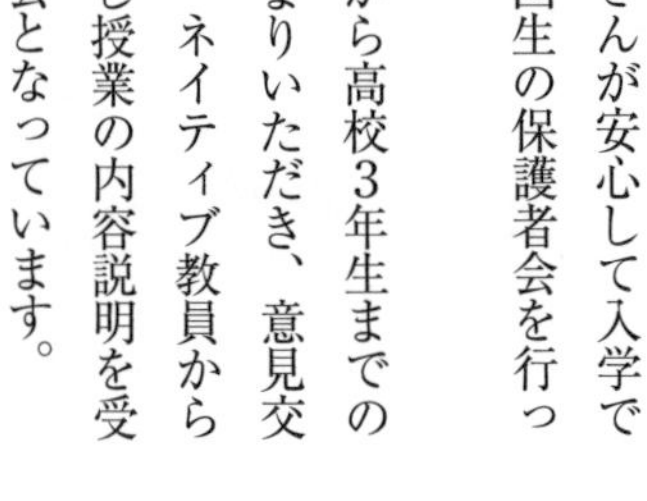

課外活動で英語の講義を聞いて世界規模の課題をディスカッションします。

出しています。

例えば、医師になりたいという思いを持っている生徒向けに「医進ゼミ」という講座を開講しています。

これは、受験勉強の時間ではなく、医学部に在籍している卒業生や現役の医師の話を聞いたり、それをもとにディスカッションを行ったりする講座です。

この講座を通じて、生徒たちは「何のために医師になるのか」を考え、医師になる覚悟を学び、自発的に医学部の試験に向けて勉強に取り組む様子が見られるようになります。

また、海外での学びに興味がある生徒向けには国際教育部でサポートを行っています。国際研修を多数用意していますし、官民協働の留学支援制度である「トビタテ！留学ＪＡＰＡＮ日本代表プログラム」も積極的に利用しています。

進路の選択肢として海外大学への進学を希望する生徒も年々増加しています。そのようなグローバルに活躍する意思を持つ本校生徒を支援する市川学園独自の「ＨＫなずな奨学金」制度が、卒業生の協力によって新たにスタートします。

生徒たちの興味関心はどこにあるか全く分かりません。ひょんなことから生涯研究したいと思えるテーマに出会えることもありますので、我々は生徒たちの「やってみたい！」を全力で応援する姿勢を大切にしています。

広報部長

高田《たかだ》 敏行《としゆき》 先生

帰国生入試に臨む皆さんへ

帰国生入試は、国語、数学、英語の3科目で実施しています。この入試制度は、現地校やインター校出身の帰国生にもぜひ本校の入試にチャレンジしてほしいという思いと、海外で生活している間はその時にしかできないことを体験し、それを帰国後に発信できる人材に入学してほしいという思いから設定しています。

全ての科目で「読解力」を重視しています。長文問題に対応する力はもちろんですが、加えて「この問題では何を問われているのか」という本質を読み解く力が必要です。

このような力は一朝一夕では身につきませんので、読書の習慣をつけ、日本語・英語を問わずに多読に取り組むことが試験対策につながると思います。

入学後は勉強面で大変なこともあるかもしれませんが、目先の結果だけではなく、一歩ずつ将来の目標に向かって頑張っていけるような受験生をお待ちしています。

スクールインフォメーション

所在地：千葉県市川市本北方2-38-1
アクセス：JR総武線・都営新宿線「本八幡駅」バス11分、京成本線「鬼越駅」徒歩20分
ＴＥＬ：047-339-2681
ＵＲＬ：https://www.ichigaku.ac.jp/

2022年3月　おもな合格実績

東京大学…23名／京都大学…7名／東京工業大学…8名／一橋大学…12名／筑波大学…12名／国公立医学部医学科…29名／慶應義塾大学…114名／早稲田大学…149名／上智大学…53名／東京理科大学…151名／私立医学部医学科…51名

中学生の未来のために！
大学入試ここがポイント

大学入試は、2021年度入試から大きな変革のときを迎えました。最も大きな変化は大学入試センター試験が大学入学共通テストに改められたことですが、ほかにも様々な変化がみられました。それまでの推薦入試は「学校推薦型選抜」に、AO入試（アドミッションズ・オフィス入試）は「総合型選抜」へと名称が変わるとともにその中身も改められています。

NEWS

入試で総合型選抜はどのようにして行われるか

学生が学びたいことと大学の学生像が一致すれば

２０２１年度からの大学入試の変化で、学校推薦型選抜（以下、学校推薦型）、総合型選抜（以下、総合型）と同時に、一般入試も「一般選抜」と呼ばれるようになりました。ですが一般選抜は、一般入試とその内容はあまり変わっていません。

本誌では、学校推薦型、総合型という2つの入試形態のうち、前号（昨年12月号）で学校推薦型について、その詳細と、受験生の入試への対応について、あるべき姿をお話ししました。

今号では、もう1つの総合型についてお伝えします。

文部科学省（以下、文科省）の調べでは、２０２２年度入試で総合型を採用した大学は、国立大学のうち64大学（78％）、公立大学のうち38大学（40・4％）、合わせて国公立大学全体で１０２大学（58％）。

私立大学では５４２大学（90・8％）が総合型を採用しています（私立大学の調べは２０２１年度入試）。

２０２１年度からのこれらの変化は、学習指導要領の改訂に伴ってのものですので、大学入学共通テスト（以下、共通テスト）にしろ、入試形態の変化にしろ、その改革のコンセプトは軌《き》を一《いつ》にしています。

総合型では、受験生の「この大学でこんなことを学びたい」「このことを突き詰めたい」といった意欲や入学後の目標が重視されます。大学側からみれば「大学が求めている学生を選抜する」ということになります。

総合型は、学校推薦型のような所属高校の校長推薦は基本的に不要ですが、旧ＡＯ入試の「筆記試験がない＝易しい」というようなイメージとはかけ離れた選抜方法が採られています。

旧ＡＯ入試でみられた書類審査と面接のみの大学は減り、知識や思考力・表現力などを多面的に評価する選抜方法となっています。このあたりは共通テストが重視するポイントと共通しています。

では、ここからは総合型はどんな選抜方法なのか、また、ＡＯ入試からどう変わったのかについてさらにくわしくお話ししていきます。

総合型は、前述のように大学の方針と、受験生が希望する学びを軸とした大学生活がマッチするかどうかを、まず重視する入試です。ですから総合型を実施する大学では各大学ともＨＰで「アドミッション・ポリシー（受験生に求める能力、適性などについての考え方をまとめたもの）」を示し、どんな学生を求めているかを公開しています。これは大学・学部によって異なるものなので、事前にチェックしておきましょう。

小論文と面接が多いが総合型の選考方法は様々

さて次に、総合型の選抜方法をみてみましょう。

前述のように前身である旧ＡＯ入試では、書類審査と面接のみという大学も多かったものですが、文科省から「多面的・総合的に評価、判定してほしい」という方針が示されたことで、選抜方法も多様化しています。

小論文やプレゼンテーション、ディベート、資格・検定試験の成績、共通テストの成績のほか、調査書、面接・口頭試問などを判定材料にするなど、各大学で異なりますが、多岐にわたっています。

また、これらの選考に加えて筆記試験（学力検査）が課されることもありますし、大学の模擬講義を受けたうえでレポートを書かせるような試験もあります。

国立大学では共通テストを課すところが多くあります。

これは旧ＡＯ入試から総合型になったことによる大きな変化の1つといえます。

とくに国立大学の総合型は、一般選抜より多くの対策が必要になります。決して楽な入試制度とはいえません。国立大学の総合型は、英語特化、理数特化という大学もめだちます。

このように大学ごとの特徴が出やすい入試方式ですので、志望大学を決める前に選抜方法をよく確認しておく必要があります。

総合型はいつからスタート？出願開始は9月1日だが…

総合型や学校推薦型の入試スケジュールは、思いのほか早く始まることは以前にご紹介しています。

総合型は、一般選抜や学校推薦型と比べると早期に試験が行われます。

大学の総合型については、出願開始を9月1日以降と定められており、合格発表は11月1日以降となっています。国立大学も私立大学も、これらの日程は同じです。

9月から年明け2月に入ってまで、複数回の入試日程を設けている大学も少なくありません。

ただ、各大学同士の入試日程は、それほど混みあってはいません。学校推薦型や一般選抜は入試日程が特定の時期に集中していますが、総合型は大学によって様々です。

だからといって総合型は、自由に併願ができる一般選抜とは違って、専願が基本です。いくつもの大学を総合型で受けることはできません。

ところが私立大学のなかには他大学との併願を認めている大学もあります。その場合も「同じ大学内の他学部との併願は不可とする」などの条件が設けられていることも多くあります。

もし、総合型で不合格になったあと、他大学で総合型の出願日が残っていれば、そこを受けることは可能です。これらのことも募集要項で確認しておきましょう。

このように、入試日程が最も前倒しされている総合型は、準備や対策も早めに進めておかなければ「時間切れ」という事態も起きかねません。

大学によってはオープンキャンパスや個別説明会への参加を出願要件としているところさえあります。これらのイベントは出願の9月より早めに実施されますので注意が必要です。

総合型選抜独特のエントリーってなに？

私立大学のなかには出願前に「エントリー」が必要な大学が多いことも覚えておきたいことです。エントリーとは、総合型を受験する手続きのようなもので、早い大学は6月から受け付けています。エントリーをすることによって出願資格を得る形になりますから9月が近づいて、あわてることのないようにしましょう。

エントリーシートに志望理由などを記して提出します。多くは郵送です。それに基づいて出願前に面談を行う大学もあります。

エントリーシート提出時に、さらに課題提出を求める大学もあります。

大学によって郵送受け付け日程が指示されますので、提出日を間違えないようにしましょう。

東大入試突破への現代文の習慣

東大入試を突破するためには特別な学習が必要？　そんなことはありません。身近な言葉を正しく理解し、その言葉をきっかけに考えを深めていくことが大切です。田中先生が、少しオトナの四字熟語・言い回しをわかりやすく解説します。

早稲田アカデミー教務企画顧問
田中としかね

東京大学文学部卒業
東京大学大学院人文科学研究科修士課程修了
専攻：教育社会学
著書に『中学入試 日本の歴史』『東大脳さんすうドリル』など多数。文京区議会議員。第48代文京区議会議長、特別区議会議長会会長を歴任。

田中先生の「今月のひと言」

誰かと一緒にいるだけで、満たされることがあります

今月のオトナの四字熟語

長寿命化

中学校ＰＴＡの皆様と懇談をする機会がありました。中学生のお子様を抱えている保護者の皆様ですから、「子育て」のキャリアも優に十年は超えていらっしゃいます。お話を進めていると「体に無理が利かなくなってきましたよ」といった、お互いの年齢に相応した話題が、ちらほらと出てくるのです。「関節の可動域がどんどん狭《せば》まってきましたよね」（いわゆる「四十肩・五十肩」という症状です）とか、「いくら寝ても疲れが取れませんよね」（いわゆる「慢性疲労」という症状です）といった、体調をめぐって「いつもどこかがよくない」という話で盛り上がったりしてしまうのです。「腰が痛い」というのも「胃がもたれる」というのも、それはもう日常茶飯事なのです。ですからＣＭでも毎日流れてくるのが「痛みに効く」だったり「すっきり爽快」などといったフレーズですよね。世の中にはどれほど不具合を抱えている大人が多いのか、中学生の皆さんにもわかるというものでしょう。

それでも大人は、「老朽化」などないかのように、日々仕事をこなしています。もちろん深刻な症状が出てからでは遅いので、健康状態には気を付けているということは大前提です。そのうえで、体調には波があり、毎日が常にベストの状態であるということは、そもそも「有難い」（めったにない）こと

なのだと大人は知っているのです。仕事に関してもそうです。常に順調で何のトラブルもない、ということの方がむしろ例外的なのだと知っています。うまくいくこともありますが、思うようにならないことが次々と続いて、ひっきりなしに調整することを余儀なくされたりするものです。でも、それが普通なのです。人間の行動には、ある意味「不具合」が生じてしまうものだ、という認識が必要なのです。それを「不具合をおそれて行動を起こさない」という判断をしてしまうのは、本末転倒というべきです。たとえ不具合が起きたとしても、「タイミングよく問題が顕在化した」と捉えて、どう対処すればよいかを考えて前進した方がより現実的なのですね。

　ところが、この処世術（社会をうまく生きていくためのスキル）めいた大人の行動様式に「反発」や「軽蔑」を感じてしまうのが、思春期真っ盛りの中学生なのですね。「こうあるべきだ」という理想を掲げて行動を起こしたのに、それにそぐわない事態が生じてしまうと、「それならば行動すべきではない」という判断を下してしまうという傾向ですね。もっと日常的な例で言うと、「思ったようにできないならば、やらないほうがましだ！」と考えてしまうわけです。大人であれば「妥協しながらでも続けることに意義がある」と思うのですが、「全てをリセット」したほうが潔いと考えるのです。「ゼロからつくり直そう！」と。確かにこの「スクラップ・アンド・ビルド」（解体と構築）という行動様式は、青春時代の特権ともいえます。「続けることに意味がある」などという大人の常識にとらわれず、「解体しては構築し直す」という発想で、次々と新しいことにチャレンジしていくことも、「自分のやり方」を確立するまでは、とても重要になるからです。長い間の取り組みを通じて既に形骸化してしまったといえるものでも、大胆にスクラップすることが難しくなるのが大人の立場の弱点ですから。

　しかし、では何でも「スクラップ・アンド・ビルド」で！ということになるかというと、もちろんそうではありません。身近な話を紹介しましょう。皆さんが通っている学校の話です。日本の多くの学校施設は、昭和の時代、とりわけ人口増加と都市化の進展した「高度経済成長期」に、盛んに建てられてきました。当時は「建設ラッシュ」とも呼ばれていましたよ。それから50年を経て、学校施設では老朽化対策が大きな課題となっています。しかも「では取り壊して、新しくつくり直せばいい」という単純な話にはならないのです。近年、環境保全の観点からさまざまな分野で「ＳＤＧｓ」がスローガンとして掲げられており、「持続可能性」が追求されています。建設の分野も例外ではありません。既存の建物をメンテナンスしながら永続的に使い続けるという取り組みが実施されています。これが「建て替え」ではない「長寿命化」の考え方です。施設は経年により老朽化します。これは避けられないことです。また、施設に求められる機能も時代とともに変化します。状況に応じた組み換えは必須になります。そうしたなかで、老朽化した施設を将来にわたって長く使い続けるため、単に物理的な不具合を直すだけではなく、建物の機能や性能を現在の学校が求められている水準にまで引き上げることを「長寿命化」改修と呼ぶのです。

　学校施設は未来を担う子どもたちが集い、生き生きと学び、生活をする場です。また地域住民にとっては、非常災害時には避難生活のよりどころとし

ての重要な役割を果たします。文部科学省では「長寿命化」を推進するため、長寿命化改修の事例集や計画策定のマニュアルなどを公表しています。単なる補修や改修ではなく、長寿命化と同時に時代の進展に応じた施設の改善が可能になるのだと、積極的に後押ししていますよ。アクティブ・ラーニングなどの学習形態の多様化に対応した多目的スペースを整備したり、バリアフリー化を図ったり、子どもたちに不人気のトイレ環境を改善したりと、さまざまな工夫を取り入れている自治体が事例集では紹介されています。皆さんの学校はいかがですか？　チェックしてみてくださいね。

今月のオトナの言い回し

他愛もない

友人と些細《ささい》なことでけんかをしてしまい、仲直りをしたいと思いながらも、お互いに意地を張りあってどうにもならない状況に陥ってしまった……という報告を教え子君から受けました。一体どんな理由でけんかになったのか？を聞いて、笑ってしまいました。英作文の問題でbe動詞と一般動詞を並べて使ってしまった友人（I am studyなんていう間違いですね）をからかったところ、それ以来口もきいてくれないというのです。「からかったことは悪いと思って謝りましたよ。でも、間違いは間違いなんだから、逆ギレされても困ります」というのが教え子君の言い分です。けれども友人君にしてみれば、ミスを馬鹿にされたというのは「絶対に許せない！」と感じる出来事だったのでしょうね。まるで自分を否定されたかのように思えて、もうそういう相手とは口もききたくないという態度を取りたくなるという。それに対して教え子君は、間違いを指摘しただけで悪気があったわけではないのだから、「それぐらい許してよ！」という軽い気持ちだったのでしょうね。友人の態度を逆ギレだとさえ思っているのですから。

そんな「他愛もない」（取るに足らない、取り上げるほど価値のない）ことで、けんかできるということが「平和な日常」が続いているという証拠なのだと思いますよ。コロナで学校が一斉休業になったことや、外出自粛を要請されたことを思い出してください。人と人とが、集まり・話し合い・触れ合うといった日常的な行いが、どれほど大きな、そしてかけがえのない意味を持っていたのかということを、胸に刻み付けましたよね。人間は社会的な生き物です。誰かと一緒にいるだけで、満たされることがあります。それは、自分は一人ではないという感情が生まれるからだと思います。遊んで、笑って、泣いて、けんかして、どれも一人じゃないからできることですよね。

何度も、何度も、「ごめんね」といって、話し掛ければいいじゃない。そうアドバイスしながら、そんな「当たり前」の学校生活が送れる日常が、続くことの幸せを願うのでした。

早稲アカ
併用コース

新年度スタートで、大きな差をつける

「個別指導」という選択肢

集団校の授業がない日、すき間時間で効率的に！

個々の目的に合わせた授業内容で効果的に！

早稲田アカデミー個別進学館に通った生徒の成績向上例

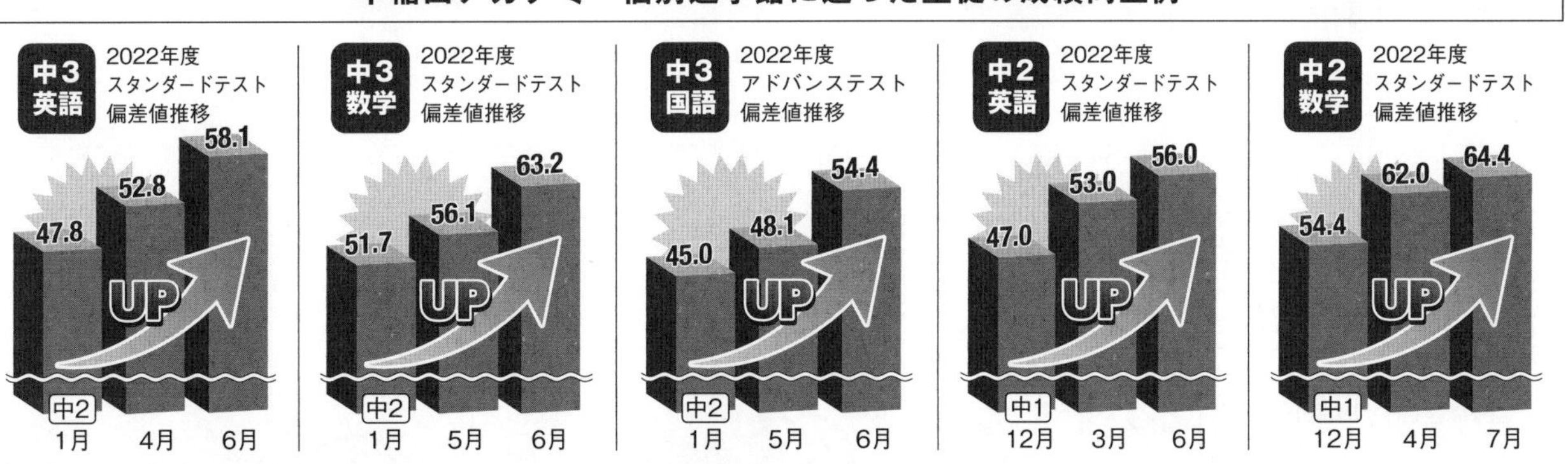

オンライン個別指導実施中！

校舎での「対面授業」、
自宅での「オンライン授業」の
切り替えOK!

ご入塾までの流れ

❶ お問い合わせ（電話またはWeb）
▼
❷ 個別面談（要予約）
▼
❸ 学習プランのご提案

➡ 初回授業スタート！

1コマから
受講可

自習席も充実

早稲田アカデミー個別進学館

お問い合わせ

0120-119-923

[受付時間] 平日 10:00～21:00／土日祝 10:00～19:00

ホームページはこちら

大学受験も、やっぱり早稲田アカデミー

合格のカギは「早期スタート」と「計画性・実行力」

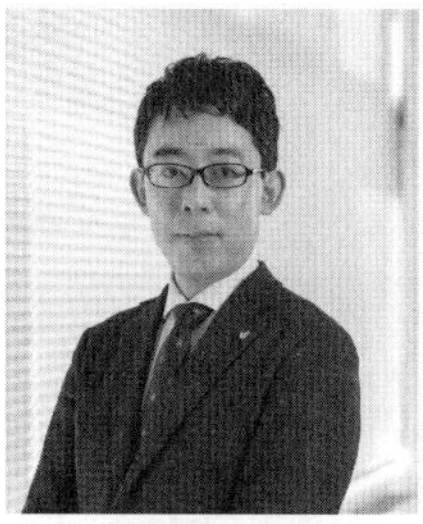

早稲田アカデミー
大学受験部長
加藤 寛士

人によって"スタートライン"が違う？

高校入試まであとわずか。入試が終われば、いよいよ高校生活のスタートです。高校入試で身につけた力をさらに伸ばし、3年後の大学入試でより高い目標に挑戦しようと考えている人もいるでしょう。

実は、大学入試には高校入試とは大きく異なる、ある特徴があります。高校入試は、同じ公立中のカリキュラムで学んだライバルたちと競い合う入試です。しかし、大学入試はそうではありません。中学受験をした中高一貫校の生徒や、高校を卒業してから十分な実践対策を積んだ既卒生とともに同じ問題に挑戦し、競い合うのです。つまり、皆さんが高校に進学するより前に高校カリキュラムを学び終えている人や、高校卒業後に時間をかけて志望校対策に取り組んだ人が皆さんのライバルになります。これらの人との競争を勝ち抜くためには、まず自分の目標をしっかり定め、その達成に向けて早期にスタートすることが大切になります。

カギを握る「計画性」と「実行力」

今、高校入試に向けて努力を重ねている皆さんのなかには、「この1年で成績が大きく伸びたなあ」という実感を持っている人もいるでしょう。そのような皆さんは、「大学入試も最後に全力で頑張れば間に合うのでは？」と考えるかもしれません。しかし、残念ながら大学入試では「ラストスパートで逆転する」ことはなかなか難しいのです。その理由は、大学入試では高1学習内容からも多くの問題が出題される点にあります。

例えば最難関高校の入試で、中1で習った一次関数が大問として出題される、ということはほとんどありません。しかし大学入試の「大学入学共通テスト」では、高1の学習範囲である数学IAから100点

分が出題されますし、同じく高1で学ぶ「確率」「整数」は東京大学の二次試験の頻出単元です。高3になってから高1の数学をもう一度おさらいする……というペースでは、到底間に合わないのです。これも、大学入試に向けた学習で早期スタートが重要な理由の一つです。

　では、難関大現役合格を実現するためには、どのように学習を進めていけばよいのでしょうか。そのカギとなるのが、「計画性」と「実行力」です。目標を達成するために「いつまでに何をすればよいのか」を計画し、それを一つずつ実行していく習慣を、ぜひ高1の早い時期に身につけましょう。

高校受験が終わったら新たなスタートを

　早稲田アカデミー大学受験部では、高3で十分な実戦対策の時間が取れるよう、先取りカリキュラムで学習を進めます。また、高校入学前の2月・3月に「特別招待講習」を実施します。最難関大を目指す方には、中高一貫校生徒のカリキュラム進度差を埋めるための速習講座を、難関私大を目指す方には高校内容の先取り講座を準備しています。

　皆さんの「計画性」「実行力」を育むための手厚いサポートも早稲田アカデミー大学受験部の大きな特徴です。講師は、授業前後の時間や面談の機会を通じて皆さんの学習状況や学校の成績、部活動や課外活動の取り組みについてもしっかり把握します。そして、到達度に応じた目標設定を行い、課題をクリアするためにどう進めていけばよいか、アドバイスします。

夢中になる、だから伸びる「対話型の集団授業」

　そしてもう一つ、学力を伸ばすために大切なことがあります。それは、「〝学び〟の面白さ」を体感すること。早稲田アカデミー大学受験部の授業は、入試で得点するための知識・解法だけを教え込む「効率重視型」ではありません。「自分で考え、答えを導く力」を育むために、さまざまな考え方や解法を紹介しながら、生徒の「思考の幅」を広げていきます。そのカギとなるのが、講師からの発問です。「君だったらどう考える?」「どうすればもっと解きやすくなる?」――「答え」を求める発問ではなく、思考を深めるきっかけとなる問いを通して、生徒は考えることに熱中していきます。また、一緒に学ぶ仲間の発言からも、大きな刺激を受けることでしょう。早稲田アカデミー大学受験部の授業で体感できる「〝学び〟の面白さ」は、大学受験だけにとどまらない、皆さんにとっての大きな財産になるはずです。

　早稲田アカデミー大学受験部は、夢中になれる授業と「自ら計画しやり抜く力」を育む学習環境で、皆さんのこれからの3年間をサポートします。

中3(新高1)対象 2月・3月イベント 無料 早稲アカDUAL

TopwiN/T 東大・国公立 医学部志望者

東大現役合格セミナー

高い東大進学率を誇る志望校別コース「東大必勝コース」担当者が、新高1のこの時期にすべきこと、これからの学習の進め方についてお伝えします。

初回 2/19(日)14:00〜16:00

詳細・お申し込みはこちら

SK 早慶上智大・難関大志望者

早慶大現役合格セミナー

早慶上智大をはじめとする難関大学合格を見据え、新課程実施によって大きく変わる学習内容、中学と高校の学習進度の違いなどを交えながらわかりやすくお伝えします。

初回 2/19(日)14:00〜15:30

詳細・お申し込みはこちら

高い目標に向かって一歩早く、一歩前へ

特別招待講習

大学入試で高い目標を目指すからこそ、ライバルよりも一歩早いスタートを。重要単元を先取り学習します。

TopwiNクラス　Tクラス

[英語・数学・国語]

2/25(土)スタート

詳細・お申し込みはこちら

SKクラス

[英語・数学]

2/26(日)スタート

詳細・お申し込みはこちら

21世紀型教育を学ぶ「教育学部」
いま注目の新しい学びを実践する開智国際大学

来年度4月からの定員増が決まった開智国際大学。さらに、中等教育専攻に新たに社会コースが加わり、中学社会・高校地歴・公民の免許取得が可能になります。昨年3月に卒業した2期生の教員志望者の就職率は88・2%。今後の教育現場への就職にも期待が持たれます。探究型授業と1年生からのインターンシップなど、最先端の教育を推進する「教育学部」の魅力と教育実践を取材しました。

（取材・SE企画）

常磐線「柏駅」からバスで10分程度の「柏学園前」で降りると、緑の森の中に落ち着いた佇まいのキャンパスが見えてきます。出迎えてくれたのは、東京学芸大学から着任し6年目を迎えた坂井俊樹教育学部長。「2期生が卒業し、就職では素晴らしい結果を残してくれました。意欲に満ちた学生が多いので、さらなる飛躍を期待しています」とお話いただきました。

激変する社会に対応できる21世紀型の教育が必要

教育学部を新設した理由を尋ねると「AIの急激な進歩やグローバル化で世界が大きく変わります。この変化に対応するために、『教えてもらう学び』から文部科学省が推進しようとしている『主体的・対話的で深い学び』、つまり授業は講義だけでなく、学生がICT機器を使い自ら調べ、議論し、それを発表するという主体的な質の高い探究型授業に変わらなければなりません。これが、いわゆる21世紀型教育です。いままでの教育学部では、このような指導のできる教師を育てる仕組みや授業が十分ではないので、新しい教育学部を創ることにしました」と熱く語ってくれました。続けて「開智国際大学の併設小、中、高等学校では、以前から探究型教育を行い、生徒が主体的に学び、創造力やコミュニケーション力をつける授業や行事を行ってきました。さらに、国際バカロレアの教育を取り入れた小学校、中学・高等学校もあり、これらの併設校で大学1年生から学校インターンシップを行うことで、児童・生徒主体の探究型授業がどのようなものであるかを体験してもらいたい。そして、その探究型授業がなぜ必要なのか肌で感じてもらったうえで、大学での授業や学びに全力で取り組み、21世紀型教育が実践できる教師を育てていきたい。このように育てた教師は日本のどの学校へ赴任しても『主体的・対話的で深い学び』の指導ができ、社会がどのように激変しようとも対応可能な生きる力を持った人材を育てることができるからです」と坂井教育学部長は詳しく説明してくれました。

全国初「教育学部」1年生からの学校インターンシップ

開智国際大学は、教育学部で全国初となる1年生からのインターンシップを実施しています。その内容についてインターンシップ責任者の土井雅弘教授に伺いました。

「小学校教員養成課程の大学1年生は、開智小学校と開智望小学校でのインターンシップに参加します。運動会では教師と共に運営面にも参加し、夏休みには小学校で行っている『夏休み学童教室』にアルバイトとして参加して子供たちと一緒に遊び、実験の補助や自然観察の手伝いなど、様々な活動を行っています。2学期には、小学生たちが自らテーマを決めて探究した内容を発表する『研究発表会』を見学しました。学生たちは子供たちが教師の指導をもとに主体的に学んでいる姿を参観し、〝これからの授業はこのように変わっていく〟ということがよく理解できたとインターンシップの報告会で説明してくれました。そして3学期には、1週間連続で集中学校インターンシップを行います。児童の立場になったつもりで授業に参加し、教師が行う『子供たちが主体の授業』とはどのように行われているのかを学んできました。

中等教育教員養成課程の大学1年生は、

開智日本橋学園中学・高等学校で1学期からインターンシップをスタートし、授業参観や文化祭への参加などを行います。

大学の授業がない時には、併設校に事前に連絡すればいつでも授業見学などができるので、学生の中には併設校に夏休みの学童のアルバイトや、遠足の補助員として参加する学生がいるなど、開智国際大学ならではの体験がたくさんあり、大変魅力的です。

これまでの教育学部では、インターンシップを大学1年生から実施する大学はありませんでした。本大学では1年生からのインターンシップを通して、大学で何を学び、どのようなスキルを身につけていかなければならないかが分かり、授業にも全力で参加する学生が多くなっています」と語ってくれました。

教授や先生方との距離が非常に近い少人数教育

最後に開智国際大学の特徴を、北垣日出子学長補佐に伺いました。

「一番の特徴は少人数教育です。教育学部は小学校教員養成課程と中学校・高等学校教員養成課程に分かれて授業を行い、多くの授業が20名以下で行われます。教員が学生全員を熟知して授業をしていますから、学生も高い意識を持って集中して勉強しています。

次に、教授陣が新しい教育学部を創ることに燃えていることです。社会科教育専門で学部長の坂井教授は、2016年まで東京学芸大学で教鞭《きょうべん》をとられていました。附属校の校長を兼任されていたこともあり、学校現場にも、教育研究についても長《た》けておられ、理想の教員養成を行うために先頭に立って教育学部の授業や教職センターの運営に力を注がれています。他の先生がたも、小学校校長を歴任された先生方などベテランの教授陣がそろい、一丸となって学生指導にあたっています。

また、教員採用試験対策講座を大学1年生の5月から開始しています。大学4年生の7月に実施される教員採用試験に向けて、一般教養学力、教職教養、専門教科の力をつけるために、じっくりと3年間かけて行っています。そして、4年生からは採用試験の模擬試験や面接などの準備に入ります。これらの対策講座も、学生が主体的に学び、皆で考え、議論する探究型、協働型で実施しています」

開智国際大学　2023年度入試日程

入試形式			期別	試験日	出願期間	合格発表
総合型選抜	AO型 後期	・プレゼン ・小論文 ・活動評価 ・基礎学力	Ⅰ期	2月17日（金）	1/ 6(金)～ 2/ 9(木)	2月21日(火)
			Ⅱ期	3月 3日（金）	1/ 6(金)～ 2/24(金)	3月 6日(月)
			Ⅲ期	3月13日（月）	1/ 6(金)～ 3/ 8(水)	3月14日(火)
			Ⅳ期	3月22日（水）	1/ 6(金)～ 3/21(火)	3月22日(水)
	国際バカロレア型		Ⅰ期	来校しての試験なし	12/19(月)～ 1/19(木)	1月30日(月)
			Ⅱ期		1/ 6(金)～ 2/24(金)	3月 6日(月)
学校推薦型選抜	指定校推薦型		Ⅱ期	1月28日（土）	12/19(月)～ 1/19(木)	1月30日(月)
一般選抜	一般型		Ⅰ期	2月 4日（土）	1/ 6(金)～ 1/27(金)	2月 7日(火)
			Ⅱ期	2月17日（金）	1/ 6(金)～ 2/ 9(木)	2月21日(火)
			Ⅲ期	3月 3日（金）	1/ 6(金)～ 2/24(金)	3月 7日(火)
			Ⅳ期	3月13日（月）	1/ 6(金)～ 3/ 7(火)	3月14日(火)
	特待型		Ⅰ期	2月 4日（土）	1/ 6(金)～ 1/27(金)	2月 7日(火)
			Ⅱ期	3月13日（月）	1/ 6(金)～ 3/ 7(火)	3月14日(火)
	共通テスト利用型		Ⅰ期	独自試験なし	12/22(木)～ 1/13(金)	2月 8日(水)
			Ⅱ期		12/22(木)～ 2/13(月)	2月17日(金)
			Ⅲ期		12/22(木)～ 3/10(金)	随時 最終発表 3月14日(火)

※入試詳細については募集要項を参照してください。

学費全額免除や半額免除の特待生制度が魅力的

開智国際大学には優秀な学生に対して、他大学よりはるかに充実した特待生制度があります。

今年度の入学者を見てみると、4年間の授業料が国立大学より廉価になる特待生が、教育学部では30%を超えています。2022年度入試においても特待生試験や大学入学共通テスト利用入試などで特待生を選考する計画です。また、大学入学共通テスト利用入試の受験料が1000円と破格なことも、受験生に優しい入試となっています。

優れた教授陣が21世紀型教育を少人数で指導する開智国際大学教育学部、まさにパワーと情熱あふれる学部です。来年の入学希望者はすでに昨年の倍以上という人気の教育学部の今後が楽しみです。

開智国際大学

〒277-0005 千葉県柏市柏1225-6
URL: https://www. kaichi. ac. jp

LINE　大学HP

■最寄り駅
JR常磐線・東武アーバンパークライン「柏」駅

■併設校
開智小学校・中学校・高等学校、開智未来中学・高等学校、開智日本橋学園中学・高等学校、開智望小学校・中等教育学校

東大生リトのとりとめのない話

東大生の視点で語る入試直前期の過ごし方

ラストスパートに効く勉強面でのポイント

中学3年生の方は、受験が近づいてきて緊張しているころかと思います。そんな入試直前期は過ごし方が非常に大切です。そこで今回は、直前期の過ごし方について、ぼくの大学受験の経験をふまえて、勉強面と生活面に分けてお話ししていきたいと思います。受験生はもちろん、来年、再来年に受験を控える学年の方もぜひ、このコラムを読んで参考にしていただければ嬉しいです！

勉強について、気をつけなくてはならないことは、おもに2つです。「手を広げすぎないこと」、「過去問形式に触れること」です。

1つ目は手を広げすぎないこと。ここでいう「手を広げる」とは、勉強の範囲を大きくすることを意味します。受験が近づくと、不安で手を広げたくなると思いますが、直前期にいままでやっていない範囲に新しく触れるというのは、基本的におすすめしません。

これはぼくの失敗談なのですが、大学入試センター試験という、いまでいうところの大学入学共通テストを受ける前に、世界史と日本史を隅々まで覚えようとしました。これはじつのところムダで、そもそも試験の特性から、暗記して答えるというより知識をもとに推理する力が必要だったので、歴史の前後関係や流れを理解する方が重要でした。それに、世界史や日本史の得点を数点でも伸ばす時間があれば、数学や理科に時間を使う方がよっぽどよかったと後悔しています。

もちろん、90％は得点できてほかにやることがないのであれば、暗記をして少しでも点数を上げた方がいいです。しかしそうでなければ、例えば10時間

リトのプロフィール

東大文科三類から工学部システム創成学科Cコースに進学（いわゆる理転）をする東大男子。プログラミングに加え、アニメ鑑賞と温泉が趣味。

大学入試直前期の様子を、リトが再現！　やり込んだテキストは努力の証です。

使って世界史と日本史の復習が足りていない範囲を覚えて数点伸ばすよりも、10時間使って数学と理科を復習して10点上げた方が有意義です。試験科目の合計点が最大になるように勉強すべきでした。手を広げるよりは、自分がこれまでやってきたことを復習する方が合格に近づくと思います。

２つ目は、過去問形式に触れることです。出題形式が変わる可能性はありますが、過去問通りの形式で出題される方が確率的には高いので、最後まで過去問には取り組んでください。ぼく自身、過去問を何度も解くことで自信がつきましたし、出題形式に慣れることで時間配分がうまくなりました。

また、１回解いた過去問を解き直す場合は、実際の試験時間に対して８割の時間で解いていました。例えば制限時間が60分なら、48分ですね。これで解く順番が固まったり、似た問題が出たときに解くスピードが格段に上がりました。とくに、「捨て問」の見極めがうまくなりました。東大は６割点数が取れれば受かるので、すべての問題を解く必要はありません。解けそうにない問題よりも、確実に解ける問題や、解けそうな問題に時間を費やすことが重要です。

キミは朝型？　夜型？ 生活面でのアドバイス

次に、生活面で気をつけたいことは、「朝型の生活にする」、「自習室などに行く」、「人と会う」の３つです。

１つ目は、朝型の生活にすることです。試験は午前から始まることが多いので、この時間には頭がしっかり働いている必要があります。入試までまだ２週間以上あると思うので、夜型の人は早めに朝型へと生活リズムを整えておきましょう。

とくにスマホは夜になると見てしまうと思うので、没収してもらうなり封印するなりした方がいいと思います。少しでも不安な方は、親に預けたり、スマホを封印するタイム式ロッカーを使ったりするのがおすすめです。

朝型への移行は自分もあまりうまくできずに後悔したことでもあります。ぼくは夜型で、入試直前の１週間前から少しずつ直しましたが、準備期間が短かったようで本番も眠かったです。

ぼくの場合は、本番はコーヒーを飲んで無理やり起きていました。こうした飲みものは目が覚めるメリットはありますが、カフェインが含まれているので、あまりおすすめはできません。

２つ目と３つ目にあげた自習室などに行くことと人と会うことには近い理由があります。直前期だと不安から勉強に手がつかなくなったり、漫画やスマホなどの誘惑に負けてしまうこともあると思います。そこで、自習室や図書館、学校に行って勉強することでそれらの誘惑から少しでも距離をおけるようにします。また、１人だと不安や孤独感がさらに募ると思うので、こういった場で友だちと少し話をしてリフレッシュするといいと思います。ただ、感染対策はしっかりとしましょう！

これから本番まで非常に緊張すると思います。自分を追い詰めすぎずに生活リズムを安定させて頑張ってください。応援しています！

キャンパスデイズ 十人十色

筑波大学

医学群　1年生

竹尾《たけお》　七空《しづく》さん

Q 筑波大学医学群医学類を志望した理由を教えてください。

最初のきっかけは中学生のころに友だちが精神的な問題で学校に来られなくなってしまったことでした。そこから医学の精神的な分野に興味を持ち始め、医学部を志望するようになりました。私はもともと文系で、最後まで文系の学部にするか医学部にするかで悩んでいましたが、インターネットで様々なことが学べるこの時代でも、医学のことは大学でしか詳しく学べないと考え、医学部を志望しました。

志望校は筑波大学一本。医学専門の大学ではなく、医学以外のことも学びたかったので総合大学の医学部を希望し、オープンキャンパスなどに行き、一番「入学したい」と思ったからです。

高3のときは、大学入学共通テストの結果がよくなかったので、担任の先生と相談のうえ、別の大学を受けましたが、モチベーションを保てず……、1年間の浪人生活の末、なんとか合格できました。

総合大学の特徴を活かして多種多彩な学生生活に

Q 大学ではどのようなことを学んでいますか。

筑波大学は3学期制で、1年生の最初の学期は一般教養が中心です。哲学や生物などの他学群の講義も受けました。とくに東洋思想の講義がおもしろかったです。こうしてほかの分野も学べるのは総合大学のよさだと思います。

この秋の2学期から専門的な講義が始まりましたが、まだ医学の初歩的なことばかりです。まずは身体のことを細かく、深く知らないといけないので、私にとっては、歴史の勉強で昔の出来事を覚えるような感覚

専門的な医学の講義を中心に 他分野の学びで視野を広げる

でした。

Q 特徴的な講義や印象に残っている講義はありますか。

8人くらいの少人数に分かれて論理的な話しあいをする「PBL(Problem based learning：問題基盤型)テュートリアル」です。医学の基礎を学ぶ講義でもグループに分かれて話しあいました。

すでに医学の知識が豊富な学生もいて、まだあまり知らない私がなにを話していいのかわかりませんでしたが、ある講義で先生から「わからないからこそ、患者目線で考えてみよう」と言われました。それをきっかけにある学生が「じつは病院に行くのが怖い」と言い出し、私もケガをしたときに行くのが嫌だったことがあったと思い出しました。講義を通して、どうしたらもっと気軽に診察に来てもらえるかを考えることができました。

2年生からは解剖実習が始まります。医学は人の生死を扱う分野なので、そこにはしっかり向きあっていきたいです。

また、筑波大学は研究にすごく力を入れています。下級生のうちから研究室に入れるので、私も人の精神についての研究を専門とする研究室へ見学に行きました。早い段階から研究室で学べることは、この大学の特徴の1つだと思います。

Q 勉強以外で取り組んでいることはありますか。

全学群対象の空手部と、医学群のスキーサークル、ダンスサークルに入っています。医学群以外の学生と友だちになれるので、そこでの会話がすごく参考になっています。

アルバイトも色々なことに挑戦してみたかったので、物流系の会社や居酒屋で働き、秋からは新しく結婚式場でアルバイトを始めました。

Q 今後の進路について聞かせてください。

人とかかわることが好きなので、大きなくくりでいうと、精神医学の方へ進みたいと考えています。精神医学は大学を卒業したら病院に勤務するイメージでしたが、研究職で大学に残る人もいるそうなので、そうした道も視野に入れています。また、もともと文系の学部に進んだら哲学のことを学びたいと考えていたので、どこかのタイミングで哲学も勉強したいと思っています。

Q 最後に、読者にメッセージをお願いします。

大学に入って感じたのは、おもしろそうな学問がこんなにもたくさんあるということです。自分が興味、関心があることを突き詰めることはもちろん大事ですが、本をたくさん読み、様々な分野の人と交流して、視野を広げてほしいです。

TOPICS

規則正しいリズムで習慣づけることが大事

高3の受験期は、ついつい夜更かしをして少ない睡眠時間で試験を受けたこともありました。その反省から浪人生になってからは生活を見直しました。

朝早く起きて塾に行き、夜9時までみっちり勉強。帰宅してからは夜更かしせずに、すぐ寝るようにするなど、規則正しい生活リズムを作りました。

また、食事内容も変えました。私は多少お腹が空いているときの方が集中できるので、食事量を調整して満腹にならないようにしました。

このように、生活のリズムが整うと勉強することも習慣づいてくるはずです。みなさんも自分がどんな状態のときが、より勉強に集中できるかを探ってみてください。

夏休みには空手部の合宿に参加。初心者でしたが、周囲からの丁寧な指導もあり楽しい時間を過ごせたそうです。

高校時代にはカナダと韓国に短期留学し、異国の文化に触れてきました。

猛勉強の末、筑波大学に合格。緑豊かなキャンパスで医学を学んでいます。

ちょっと得する
読むサプリメント

ここからは、勉強に疲れた脳に、ちょっとひと休みしてもらうサプリメントのページです。
ですから、勉強の合間にリラックスして読んでほしい。
このページの内容が頭の片隅に残っていれば、もしかすると時事問題や、
数学・理科の考え方で、ヒントになるかもしれません。

耳よりツブより情報とどきたて

冬到来！ そろそろ食べたくなる ねっとり甘い 和のスイーツ

スーパーやコンビニの店頭で甘い香りを漂わせている電気焼きいもオーブン（東京都小金井市、撮影／本誌）

続く「平成の焼きいもブーム」

受験勉強をしている冬の夜。昔なら遠くからの「石焼ぁきいもォ、焼きいもッ」の売り声に、たまらず買いに出たものですが、いまは、多くのコンビニ店頭でも、小さなオーブンに入った数本が「熱くておいしそうな香り」を漂わせていて、いつでも購入することができます。じつは、現在も続く「平成の焼きいもブーム」は、第４次のブームなのだそうです。

第１次ブームは、江戸時代の文化・文政期（1804年）〜明治維新（1868年）で、砂糖は貴重品でしたから、甘い焼きいもが人気を博しました。

第２次ブームは、明治時代〜関東大震災（1923年）。東京の人口急増と安い値段によって、焼きいもの需要が増大しました。

第３次ブームは、1951年〜大阪万博（1970年）までです。1941年から始まった食糧統制が1950年に終わるまで、焼きいもの流通も止まっていましたが、ちょうど1951年に考案された石焼きいもの「引き売り屋台」が東京に登場、再び大ブームとなりました。石焼きいもの大ブームは、1970年の大阪万博まで続きました。

第４次ブームの「平成の焼きいもブーム」は2003年からで、現在も衰えていません。

「平成の焼きいもブーム」その要因は

では、なぜこの20年、焼きいもブームが復活したのでしょうか。みなさんも食べたことがあるでしょう。じつは、３次までのブームより、いまの焼きいもは格段においしいのです。でも、なぜ？

１つ目の要因は甘くてねっとりとした新しい品種の登場です。2002年以前は、「ベニアズマ」などのほくほく系が主流であった焼きいもが、2003年以降、ねっとり系の「安納いも」が人気となり、2007年には同じくねっとり系で甘い「べにはるか」が登場し2015年に人気品種のトップに躍り出ました。

２つ目の要因が貯蔵技術の進歩です。収穫直後のさつまいもを、高温多湿の貯蔵庫にいったん保管すると、いもの表皮の下にある層が厚くなって貯蔵性が高まることが判ったのです。このことにより、いもの熟成期間を長くすることができ、さらに甘みを閉じ込められるようになりました。

３つ目の要因は、「電気焼きいもオーブン」の開発と普及です。遠赤外線利用の電気焼きいもオーブンは、焼き温度と焼き上がり時間などをセットすれば、だれでもおいしく焼くことができるのです。

さつまいもを入れれば、均一においしく焼けるので、働く店員さんの負担が減り、焼きいもオーブンは、コンビニやスーパーに急速に普及しました。

数年前まで、焼きいもは冬場に食べるものと決まっていました。しかし、前述の貯蔵技術の進歩により夏場でも店頭に焼きたてのよい香りが漂います。

2020年あたりからは「冷やし焼きいも」も登場、冷やすことによって、さつまいもの甘みがより引き立ち、アイスクリームのようなしっとりとした食感が夏場にぴったりなのです。

近年、健康志向の高まりは顕著です。焼きいもには添加物はもちろんありません。安全で自然な健康食品の１つとして認められ、そのことも強い追い風となって平成の焼きいもブームが続いています。

マナビー先生の

最先端科学ナビ

FILE No.029

3Dプリンタハウス

印刷するようにして立体を作る3Dプリンタ

　プリンタといえば、紙にインクで文字や画像を印刷するものだ。それに対して立体の構造物を作ってしまうプリンタを3Dプリンタと呼ぶ。

　小学生のとき、地図の等高線に合わせて切った厚紙を貼り重ね、立体模型地図を作ったことがある人はイメージできると思う。3Dプリンタは、紙ではなくて樹脂や金属の粉などを積み重ねて固め、立体を作ってくれるすばらしい道具だ。

　コンピュータで設計した立体構造物を自動的に薄い断面にし、下から上に何度も印刷するようにして立体化していく。薄い層を重ねることで構造物を作ってしまうんだ。

　最終的な構造物を具体的にイメージできる縮尺模型が、3Dプリンタで作られ、建築デザインでは欠かすことができない道具になっている。

　少量しか作らないものの生産にも使われている。大量生産するものは大がかりな工場が必要だけれど、3Dプリンタで作れるならコストは大幅にカットできるからね。

大きな3Dプリンタで家を建ててしまう夢が実現

　そんな3Dプリンタを使って家を作ってしまおうというのが、今回紹介する3Dプリンタハウスだ。じつは海外ではすでに色々な建築事例が報告されている。

　海外でできているのに、日本ではなかなか実用化されてこなかったのはなぜだろう。それは地震の多い日本では、建築基準に様々な厳しい条件がつけられているからだ。

　さて、なぜいま3Dプリンタで家を作る技術が求められているんだろうか。これまでの建築方法ではだめなのだろうか。そこを考えてみよう。

　大きな原因は人手不足だ。みんなも周りで「建築技術者が少ない」「将来若い労働力が不足する」などという報道を見かけていないかな。

　その要因ともいわれる、厳しい現場作業から解放される建築技術が求められている。それが人手不足を補う有効な手立てというわけだ。

　いままでの建築方法とは違う観点でIT技術を駆使した新たな建築方法が求められていたわけだ。3Dプリンタはその望みを可能にできる。

　日本には守らなければならない厳しい建築基準がある。その基準をクリアすることが難しいために、海外では平気だった方法では、3Dプリンタハウスの建築はできなかった。

　ところが2022年の初め、日本のPolyuse（ポリウス）という会社が中心になって、日本で初めて10㎡以上の建築物の施工に成功し【写真】、国内の建築基準をクリアした。

　これまでは鉄筋で作った構造に型

マナビー先生

大学を卒業後、海外で研究者として働いていたが、和食が恋しくなり帰国。しかし科学に関する本を読んでいると食事をすることすら忘れてしまうという、自他ともに認める"科学オタク"。

枠を作り、その型枠のなかにコンクリートを流し込んで作っていた。コンクリートが固まるのを待って、型枠を外すと壁などの構造ができる。

コンクリートだけでは地震などの揺れや構造物自体の自重によって起こる曲げに弱いので、鉄筋を入れてコンクリートを補強している。

3Dプリンタでの建築手法でも、使用する鉄筋などの資材や工程順序を工夫したことで構造の自由度が増し、強度も十分に獲得できたという。

型枠などで作る一般の建築では、壁などはどうしてもまっすぐの板状の構造になってしまうが、3Dプリンタでは薄い層を重ねて作るので形状の自由度が高いわけだ。

角を曲面にして構造物を作ることも可能だ。曲面や球体は強度が上がる。これで地震や自重に強い構造物が作れるようになったんだ。

建築時間の短縮化でコストダウンも可能に

3Dプリンタハウスに使うためのコンクリート素材も重要だ。3Dプリンタでは型に流し込むのではなく、プリンタノズルから直接薄い層になるようにプリントしていく。だから素早く硬化する素材を使う。結果として建築にかかる時間が大幅に短縮できるメリットも生まれた。

今回建築した倉庫は、工場で3Dプリンタを使い作ったいくつかの部材を現場まで運び組み立てたが、ほかの現場ではその場で3Dプリンタを使って構造物を多く作っている。

3Dプリンタにより人手を補うことでコストダウンというメリットも生まれる。家を建てるには多額のコストがかかるけれど、その多くが建築にかかる時間と人件費だ。3Dプリンタを使うと建築にかかる時間が短縮されコストが大幅に削減される。

デザインにしても構造物を作る自由度が上がるから、これまでにない形状の建物が増える楽しみもある。

もっと研究を進め、安全・安心の建物が簡単に作られる精度のいい3Dプリンタの開発を期待したいね。

Polyuse社が群馬県渋川市に建てた3Dプリンタハウス（倉庫）は4m×6mで高さ3m、広さは17㎡ある。（写真提供／Polyuse）

```
print(value)

max = value[0]
print("仮の最大値=", max)

no = 1
while (no < len(value)):
    no = no+1

print("最大値=", max)
```

```
>_console
要素数=10
[34, 15, 50, 100, 60, 99, 51, 78, 85, 1]
仮の最大値=34
最大値=34
>
```

【図20】最大値を求める

```
print(value)

max = value[0]
print("仮の最大値=", max)

no = 1
while (no < len(value)):
    if (max < value[no]):
        max = value[no]
    no = no+1

print("最大値=", max)
```

```
>_console
要素数=10
[34, 15, 50, 100, 60, 99, 51, 78, 85, 1]
仮の最大値=34
最大値=100
>
```

【図21】最大値を求める（完成版）

```
リストの個数 = 5
データ：10
データ：20
データ：30
データ：40
データ：50
50
40
30
20
10
>
```

【図22】宿題の完成後の実行例

とだ。フローチャートを【図17】に示すね。

ラム：急に難しくなりました……。

ログ：フローチャートを見てもどういうことかわからないので、もう少しヒントをください。

らくらく先生：いつものように順番にやっていこう。まずリストの定義は大丈夫だよね。

ラム：これは大丈夫です。【図16】を変更して指定されたデータを書いていきます。確認のために内容と要素数を表示しておきます【図18】。

らくらく先生：いいぞ。作ったデータをしっかりと確認していくことは大事だね。次はリストの1番目の数値を仮の最大値としよう。最大値はmaxという変数に代入しよう。

ログ：maxにvalueの1番目のデータを代入します。要素番号は0から始まるので、正しく入ったかを表示しておきます【図19】。

らくらく先生：いいよ。ここまでは大丈夫だね。もう少しだ。フローチャートでは繰り返し構造となっているね。要素番号にnoという変数を使ってvalueの要素の数値と比較していこう。noの初期値は1だ。

ラム：要素番号0はすでにmaxに入れているので、比較する必要がないってことなんですね。

ログ：そうか！　なるほど。

ラム：繰り返しの部分だけ書いてみました。最後に見つかったとして最大値を表示しておきます【図20】。

らくらく先生：いいよ。最終の最大値が表示されているということは、繰り返しが正しく終了したことを示しているね。

ログ：少しずつですよね。ここまでは大丈夫です。次はフローチャートのひし形の部分ですね。ここはif文でmaxとvalueの要素を調べて、valueの要素の方が大きいときにmaxを置き換えるといいんですね。わっ、できた！【図21】ぼくって天才！

ラム：動くと嬉しいわ。私も天才！

らくらく先生：2人ともすごいよ。今日はここまでにしておこう。今回の宿題は、リストの個数（要素数）を入れて、そのあとその数値を入力し、終わったら入力したデータを逆順に表示する方法だ。【図22】に完成後の実行例を書いておくよ。

（つづく）

このページは81ページから読んでください。

main.py

```
height = []

personCount = int(input("何人のデータを入力しますか="))
count = 0
while (count < personCount):
    value = input ("身長=")
    height.append (value)
    count = count + 1
print (height)
```

\>_console

```
何人のデータを入力しますか=3
身長=160
身長=170
身長=158
['160', '170', '158']
>
```

【図14】人数を指定してリストに追加する（バグあり）

main.py

```
height = []

personCount = int(input("何人のデータを入力しますか="))
count = 0
while (count < personCount):
    value = int(input ("身長="))
    height.append (value)
    count = count + 1
print (height)
```

\>_console

```
何人のデータを入力しますか=3
身長=160
身長=170
身長=158
[160, 170, 158]
>
```

【図15】人数を指定してリストに追加する（デバッグ）

main.py

```
value = [1, 2, 3, 4, 5]

print (len(value))
```

\>_console

```
5
>
```

【図16】リストの要素数を得る

ログ：これでいいかな？**【図14】**

らくらく先生：惜しい！

ラム：結果の表示を見てみると数値がシングルコーテーション(')で囲まれているわ。数値ではなく文字列だと示しているのね。きっとこれはint( )がvalueのところにも必要だからだわ**【図15】**。

練習問題にチャレンジしてみよう！

らくらく先生：そうだね。数値としてリストを作っておかないと、あとで計算するときに困ってしまうからね。繰り返しとリストをうまく組みあわせることができるようになったね。じゃあ今度はリストに初期値として以下の値を与えて、そのなかの最大の値を探す問題だ。数値は以下のものにする。

34, 15, 50, 100, 60, 99, 51, 78, 85, 1

リストの長さ（要素数）はlen関数を使うと取得できる**【図16】**。

考え方は仮の最大値をリストの1番目の要素にしておき、繰り返しを使って最大値を求めるようにするこ

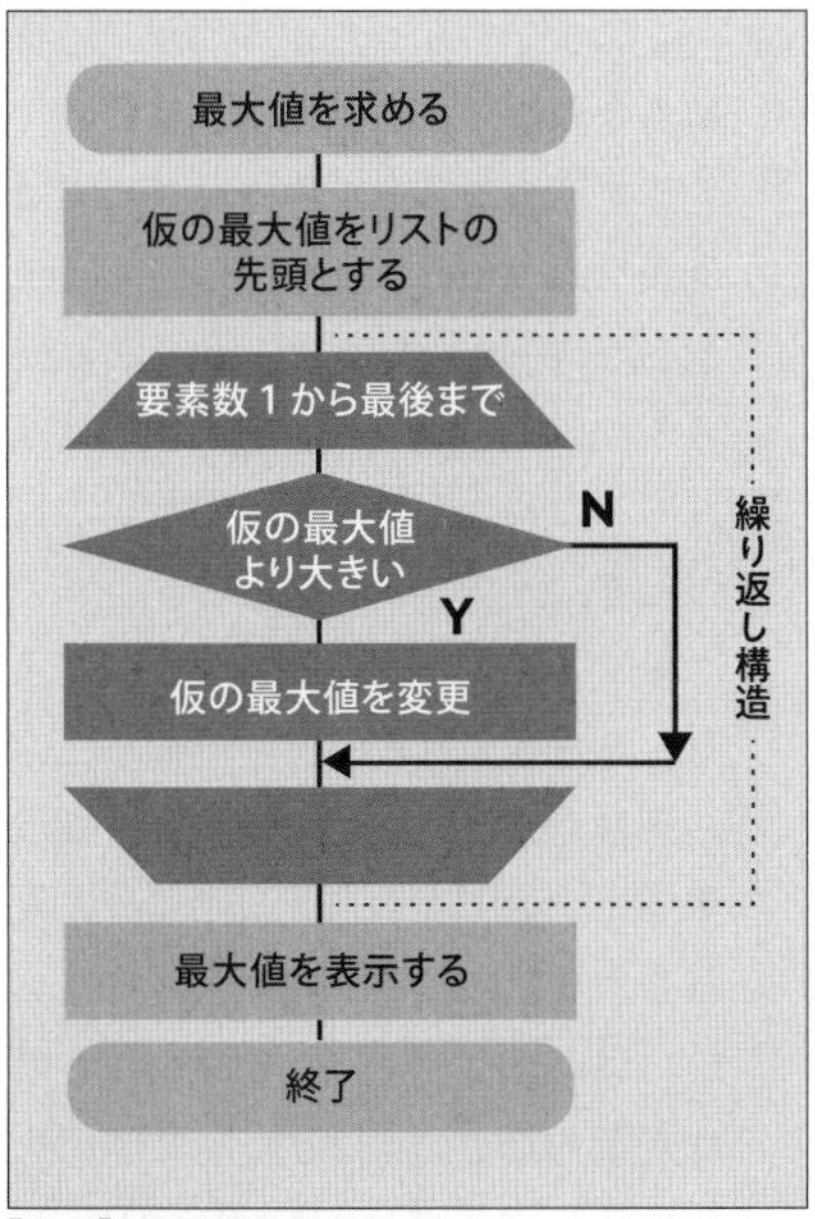

【図17】最大値を求めるフローチャート

main.py

```
value = [34, 15, 50, 100, 60, 99, 51, 78, 85, 1]

print ("要素数=", len(value))
print (value)
```

\>_console

```
要素数=10
[34, 15, 50, 100, 60, 99, 51, 78, 85, 1]
>
```

【図18】指定の値をリストにする

main.py

```
value = [34, 15, 50, 100, 60, 99, 51, 78, 85, 1]

print ("要素数=", len(value))
print (value)

max = value [0]
print ("仮の最大値=", max)
```

\>_console

```
要素数=10
[34, 15, 50, 100, 60, 99, 51, 78, 85, 1]
仮の最大値=34
>
```

【図19】最大値を求める

ラム：わかったわ、繰り返しを使うのですね。

らくらく先生：いいね。繰り返しを使ってやってみて。

ラム：要素番号を繰り返しで渡しながら合計を求めてみます【**図7**】。あれ、変だな？

ログ：こんなときはデバッグ※が必要なんだよね。繰り返しのたびにprint文でsumの内容を表示してみよう【**図8**】。

ラム：あれ、まだ変ね。そうか、5行目で合計を求めるとき、合計した数値が消えていたのね。たんに代入になっている。これでいいかな？

あれ、見慣れないエラーが出てしまったわ【**図9**】。なにかしら。

らくらく先生：エラーはいっぱい経験しよう。エラーがどうして起こったのかを考えることが必要だ。なにも起こらないと記憶にも残らないしね。それではエラーを確認してみよう【**図10**】。

いまラムさんが修正した5行目がおかしいと指摘しているね。このエラーの原因は、sumが確定していない（定義されていない）ときにリストのデータと足し算をしたからなんだ。

ログ：sumを確定するということはどういうことですか？

らくらく先生：計算する前にsumのなかはいくつであるべきだろうか？

ラム：わかったわ。sumを0にして、クリアにしておけばいいんじゃない？　そうするとsumは数値だと確定する【**図11**】。

らくらく先生：いいね。デバッグして、間違いを自分たちで見つけて、解決できたね。これでデータをちゃんと入れて、人数が確定すればどのクラスでも使えるプログラムができるはずだ。

ログ：リストに数値を入れることもできるのですか？

ラム：そうよね。健康診断で身長を測ってその数値を入力して計算したいわ。

リストにデータを入力する方法

らくらく先生：そうだね。ではリストにデータを入れる方法を示そう。

まずは空のリストを作る。空のリストを作るには[ ] を書くだけだ。[ ] のなかにデータを書かなければ空のリストができあがる。確認のためにプログラムを表示しておこう【**図12**】。

次に追加の方法も覚えてほしい。一番よく使うのは末尾に追加する方法だ。いまはリストのなかは空だから一番後ろが先頭になる。使うのはappend( )メソッドだ。append( )はリスト名の最後に書き込み、追加することができるよ【**図13**】。

ここまでわかっただろうか。確認するために問題を出そう。

まず空のリストを作る。ここでは身長を入れるリストを作るのでリスト名をheightにしておこう。次に何人入れるかをユーザーに聞く。例えば「何人のデータを入力しますか」と表示して、人数を入れてもらう。

そのあとに、「身長＝」と表示し、身長を入れる。

人数が入力されたらheightを表示する。人数の数はpersonCountに入れるようにしよう。思い出してほしいのはinput文の入力で得られるのは文字列だということだ。文字列を整数値にするにはint( )が必要だ。

main.py × ＋　　>_console ×

```
1  height = [160, 170, 158]
2
3  number = 0
4  sum = 0
5  while (number < 3):
6      sum = sum + height[number]
7      number = number + 1
8      print(sum)
9  average = sum / 3
10 print("平均は", average)
11
```

```
160
330
488
平均は 162.66666666666666
>
```

【図11】sumの初期化後の平均値

main.py × ＋　　>_console ×

```
height = []

print(height)
```

```
[]
>
```

【図12】空のリストを定義する

main.py × ＋　　>_console ×

```
height = []

height.append(160)
height.append(170)
height.append(158)
print(height)
```

```
[160, 170, 158]
>
```

【図13】リストに追加する

※デバッグ（debug）＝プログラムの正常動作を妨げる部分（バグ）を見つけて直していく作業をいう。
【**図8**】ではprint文で変数の内容を確認して間違いの原因を探している。

77 ページ本文につづく ➔

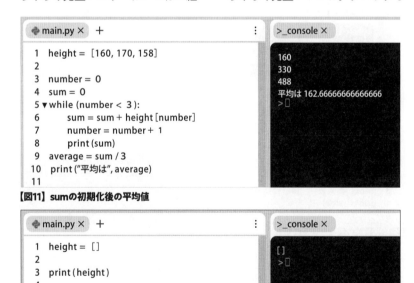

このページは81ページから読んでください。

切って書いていくと、1つの変数名（実際にはリスト名という）にいくつかのデータを定義できる。この場合は身長を変数としてheightというリスト名をつけている。heightの内容を確認するにはいままで通りにprint文で確認できるんだ。

ログ：heightの合計を求めたいときはどうすればいいのですか？

らくらく先生：いい質問だね。リストに定義されたデータを1つずつ参照するには、リストのデータごとに要素番号をつけるんだ。この要素番号は0から始まっていることをしっかりと覚えておこう。これ、忘れやすいから要注意だ**【図5】**。

ラム：わたしはいま、このリストを使って平均身長を求めるプログラムを作ってみました**【図6】**。

らくらく先生：いいね。いつも通り少しずつやってみたんだね。少し改良できないかな？

ログ：改良ですか？　これでよさそうですが……。

main.py × +

```
1  height = [160, 170, 158]
2  print(height)
3
4  print(height[0])
5  print(height[1])
6  print(height[2])
7
```

>_console ×

```
[160, 170, 158]
160
170
158
>
```

【図5】リスト各要素の参照

main.py × +

```
1  height = [160, 170, 158]
2
3  sum = height[0] + height[1] +height[2]
4  average = sum / 3
5  print("平均は", average)
6
```

>_console ×

```
平均は 162.66666666666666
>
```

【図6】リストを使った平均身長を求めるプログラム

main.py × +

```
1  height = [160, 170, 158]
2
3  number = 0
4 ▼while (number < 3):
5        sum = height[number]
6        number = number + 1
7  average = sum / 3
8  print("平均は", average)
9
```

>_console ×

```
平均は 52.666666666666664
>
```

【図7】リストと繰り返しを使った平均身長を求めるプログラム

main.py × +

```
1  height = [160, 170, 158]
2
3  number = 0
4 ▼while (number < 3):
5        sum = height[number]
6        number = number + 1
7        print(sum)
8  average = sum / 3
9  print("平均は", average)
10
```

>_console ×

```
160
170
158
平均は 52.666666666666664
>
```

【図8】リストと繰り返しを使った平均身長（デバッグ）

main.py × +

```
1  height = [160, 170, 158]
2
3  number = 0
4 ▼while (number < 3):
5        sum = sum + height[number]
6        number = number + 1
7        print(sum)
8  average = sum / 3
9  print("平均は", average)
10
```

>_console ×

```
Traceback (most recent call last):
  File "main.py", line 5, in <module>
    sum = sum + height [number]
TypeError: unsupported operand type(s) for +:
'builtin_function_or_method' and 'int'
>
```

【図9】リストと繰り返しを使った平均身長（デバッグ）

5行目が変だ！

```
Traceback (most recent call last):
  File "main.py", line 5, in <module>
    sum = sum + height [number]
TypeError: unsupported operand type(s) for +:
'builtin_function_or_method' and 'int'
```

【図10】エラーの確認

ラム：変数の名前を考えることが大変でした。英語を覚えることもできるので、できるだけ英語名をつけるようにしていました。

らくらく先生：それ以外に困ることはないかな。

ログ：繰り返し構造や選択構造を勉強したあとなので、それに関係することでしょうか？

らくらく先生：勘が鋭いね。じつはそうなんだ。コンピュータがこれほど普及した理由の1つは、単純な作業の指示を何度も何度も出しても、その指示通りに高速で実行してくれるからだね。人間なら疲れて間違いをおかしてしまうような大量のデータ処理を文句もいわずにやってくれるんだけど、いままで習った変数だとうまくいかないんだ。

ラム：うまくいかないってどうしてですか？

ログ：宿題でもとくに問題なく1から100までの数値を繰り返して判断するプログラムを作ることができましたよ。

らくらく先生：そうだね。ではクラス全員の平均身長を求めたいときにどうしたらいいだろうか？

ラム：例えばtanaka, sato, suzukiのような変数を用意してそれぞれ

tanaka = 160
sato = 170
suzuki = 158

という測定したデータを定義して

sum = tanaka + sato + suzuki

と合計を求め、人数で割ればできるのではないですか？　3人しか作っていないのでクラス40人の合計を求めるにはたくさんの名前を定義する必要がありますが。

最後に平均を求めるために

average = sum / 3

とすれば平均身長が求まります**【図2】**。

リストを使って大きなデータを定義しよう

らくらく先生：いままでの知識を総動員してできることを示してくれたね。ありがとう。まず持っている知識を使って試してみることは大事だね。ラムさんが心配したように、大勢の名前を定義しなくてはいけないのは大変だよね。ただ、大勢の名前を定義しても例えば、

sum = tanaka + suzuki

のようにsatoさんのデータを書き忘れることもあるかも**【図3】**。データが増えると、とくにやりがちだ。

ログ：この例では平均身長の値が小さくなったので変だとわかりますが、人数が多くなると1人ぐらい抜けていてもあまり変な結果にはならないので検証も難しいですよね。

らくらく先生：そうなんだ。そして、たくさんの名前をつけて作ったA組のプログラムは、B組では使えないことになって不便だよね。そこで登場するのが今回勉強するものだ。今回も記事のなかではPythonをメインに書いていくけれど、ほかの言語の人はWebページを見て確認してほしい。

Pythonにはデータをまとめる方法がいくつかあるけれど、そのなかのリストという使い方を今回は覚えよう。ラムさんが例にしてくれた3人のデータを使って確認してみよう。

【図4】がPythonでリストという大量のデータを定義する方法だ。[ ]を使ってデータをカンマで区

main.py
```
tanaka = 160
sato = 170
suzuki = 158
sum = tanaka + sato + suzuki
average = sum / 3
print("平均身長=", average)
```
console
```
平均身長= 162.66666666666666
>
```
【図2】身長の平均（いままでの方法）

main.py
```
tanaka = 160
sato = 170
suzuki = 158
sum = tanaka + suzuki
average = sum / 3
print("平均身長=", average)
```
console
```
平均身長= 106.0
>
```
【図3】身長の平均（いままでの方法）よくある間違い

main.py
```
height = [160, 170, 158]
print(height)
```
console
```
[160, 170, 158]
>
```
【図4】リストの定義

79 ページ本文につづく➡

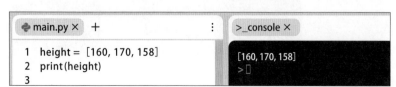

for 中学生
らくらくプログラミング

プログラミングトレーナー　あらき はじめ

第7回

プログラム作りは楽しいって、思えてきましたか。誌面のラムさん、ログくんも、その楽しさがわかってきたそうです。ラムさん、ログくんの疑問に、らくらく先生が答えながら、解説していきますので、みなさんも2人といっしょに楽しみましょう。

解説部分は下のQRコードからWebページの【第6回】に入れば、誌面とリンクした内容で、さらに学びを深めることができます。

URL : https://onl.la/437SL5q

あらき はじめ　昨春まで大学でプログラミングを教えていた先生。「今度は子どもたちにプログラムの楽しさを伝えたい」と、まだまだ元気にこの講座を開設。

画像：Turn.around.around/ PIXTA

大きなデータを利用してプログラムを書いてみよう

らくらく先生：こんにちは。今回も楽しく勉強していこう。まずは前回の解答から始めよう。

ログ：はい、繰り返しのプログラムを追加すればいいのですよね。たぶんできたと思います【図1】。

ラム：私も同じようにしました。

らくらく先生：よくできているね。繰り返し構造と選択構造、もちろん順次構造もしっかりと理解して楽しくプログラムを続けよう。

ログ：思ったように動くと楽しいです。今日は大きなデータの利用ということですが、大きなデータってなんですか？

らくらく先生：いままでデータを使うときにはどうしていたかな。

ラム：変数を使っていました。内容を示すしっかりした名前をつけるのが大事なんでしたよね。

ログ：今回の宿題でもvalueという名前の変数を定義して使いました。

らくらく先生：そうだね。変数を使っていたね。変数を使うときに困ることはないかな。

main.py

```
value = 1
while (value <= 100):
    if (value % 15 == 0):
        print("15の倍数です")
    elif (value % 3 == 0):
        print("3の倍数です")
    elif (value % 5 == 0):
        print("5の倍数です")
    else:
        print(value)
    value = value + 1
```

>_console

```
3の倍数です
73
74
15の倍数です
76
77
3の倍数です
79
5の倍数です
3の倍数です
82
83
3の倍数です
5の倍数です
86
3の倍数です
88
89
15の倍数です
91
92
3の倍数です
94
5の倍数です
3の倍数です
97
98
3の倍数です
5の倍数です
>
```

【図1】宿題の解答例

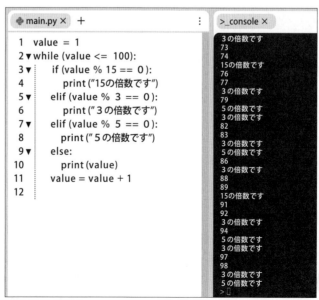

Why? What!

なぜなに科学実験室

「えっ、なんで？」「どうして、こうなるの？」みなさんも日常生活のなかで不思議な現象に出会うことって、意外と多くあるのではないでしょうか。それを見逃さず「なぜだろう」と考えることが「科学」への第一歩です。

ノーベル賞を受賞した科学者たちも、ありふれた現象のなかに隠された科学の種を拾い上げたことが研究のスタートでした。

この科学実験室はみなさんに、日常に隠れた不思議を体験していただくために用意されました。

案内役はこの実験室の管理人、ワンコ先生です。

今回は磁石の不思議な動きを観察するところから始めます。さあ、ワンコ先生といっしょに実験してみましょう。

磁石とナットの滑走競争

今回はネオジム磁石を使った実験だよ（フェライト磁石でも可）。ネオジム磁石は、レアアース（希土類）の一種であるネオジムに鉄やホウ素などを焼きかためた、現存の永久磁石では最も強力な磁石だ。じつはネオジム磁石は1980年代に日本人の佐川眞人博士が発明したものだよ。

磁石はアルミニウムや銅にはくっつかないことは学校で習ったはずだけど、今回の実験は、ちょっと不思議だよ。

ワンコ先生

1 用意するもの

❶強力な磁石
（円盤型または四角型、ネオジム磁石がよい）
❷❶で用意した磁石に似た形・重さのメダル、コインなど（今回の実験ではナットを使用しています）
❸板（30㎝四方ほど）、厚手の段ボール紙でも可
❹アルミニウム（本文中ではアルミ）の板
❺セロハンテープや両面テープ
❻本や雑誌数冊

2 板の半分にアルミ板を貼る

用意した板の半分ほどに、アルミ板をセロハンテープで貼りつけます。

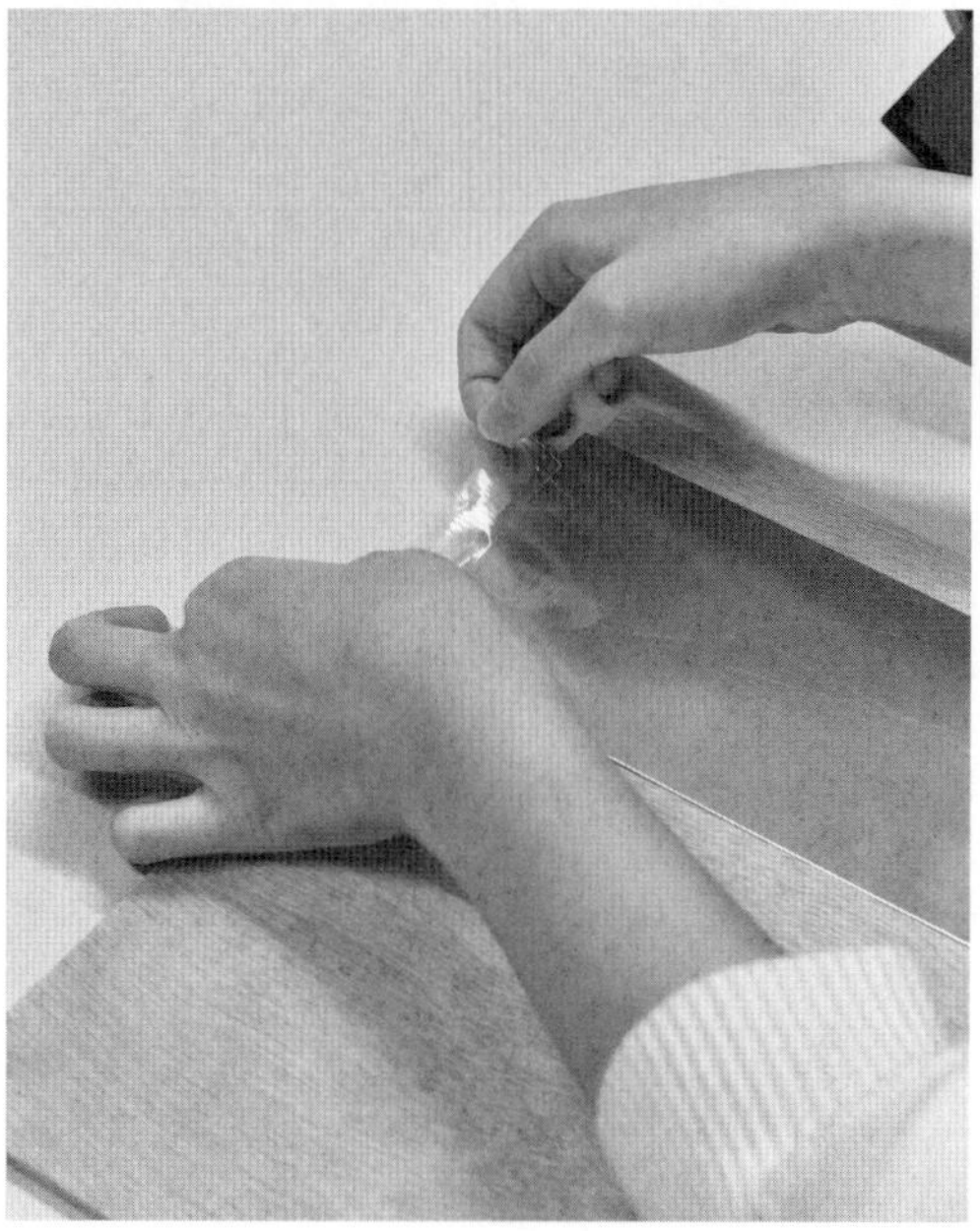

3 できあがった板で斜面を作る

テーブルの上に本や雑誌数冊を重ね、その上に2で作った板を写真のように置き、斜度30°ほどの斜面を作ります。

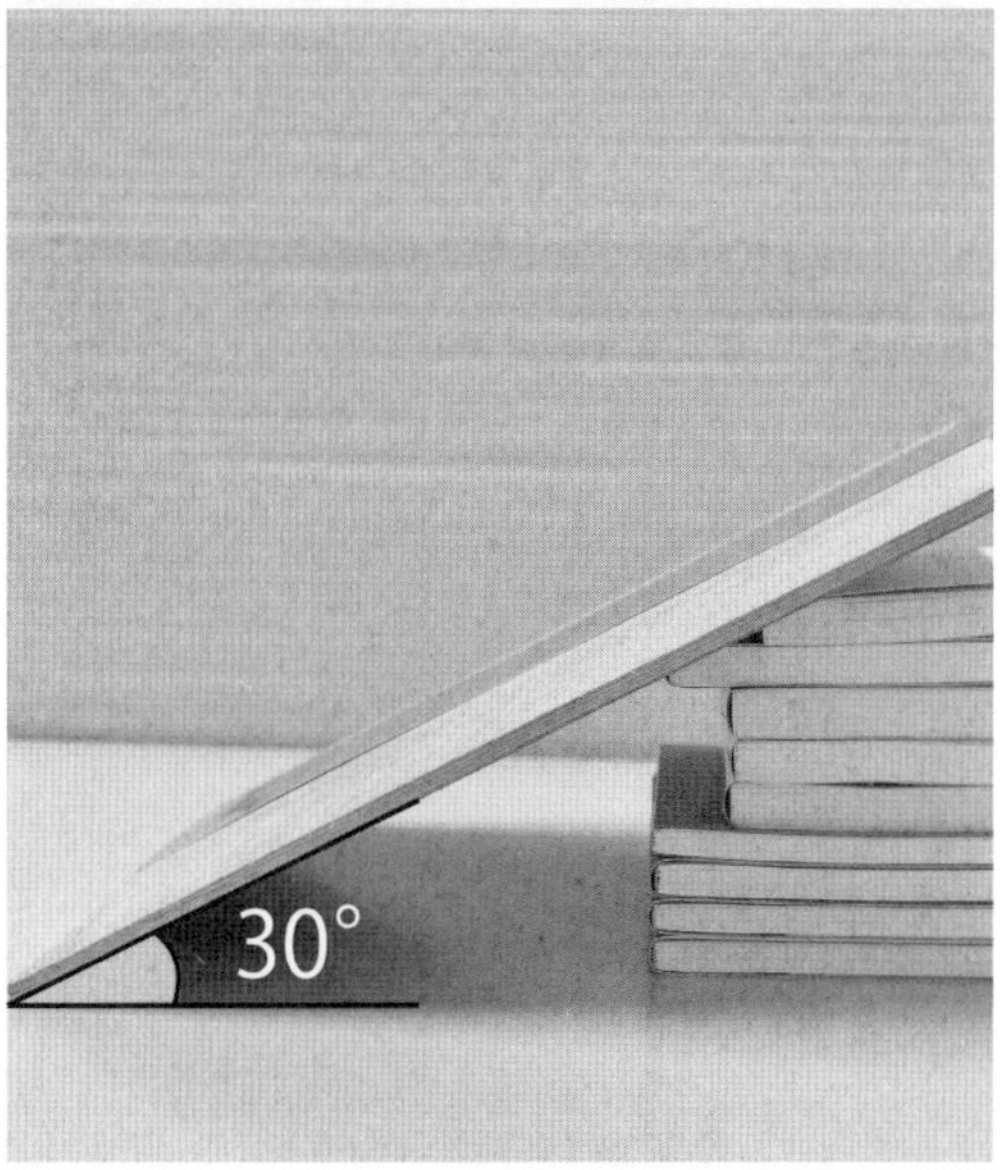

4 磁石とナットを滑らせてみる

木の板の面で磁石とナットを同時に放し、どちらが斜面を速く滑りおりるか試してみます。

5 どちらが速いか競争だ

同時に指を放すと、どちらもほぼ同じスピードでアッという間に滑っていきます。

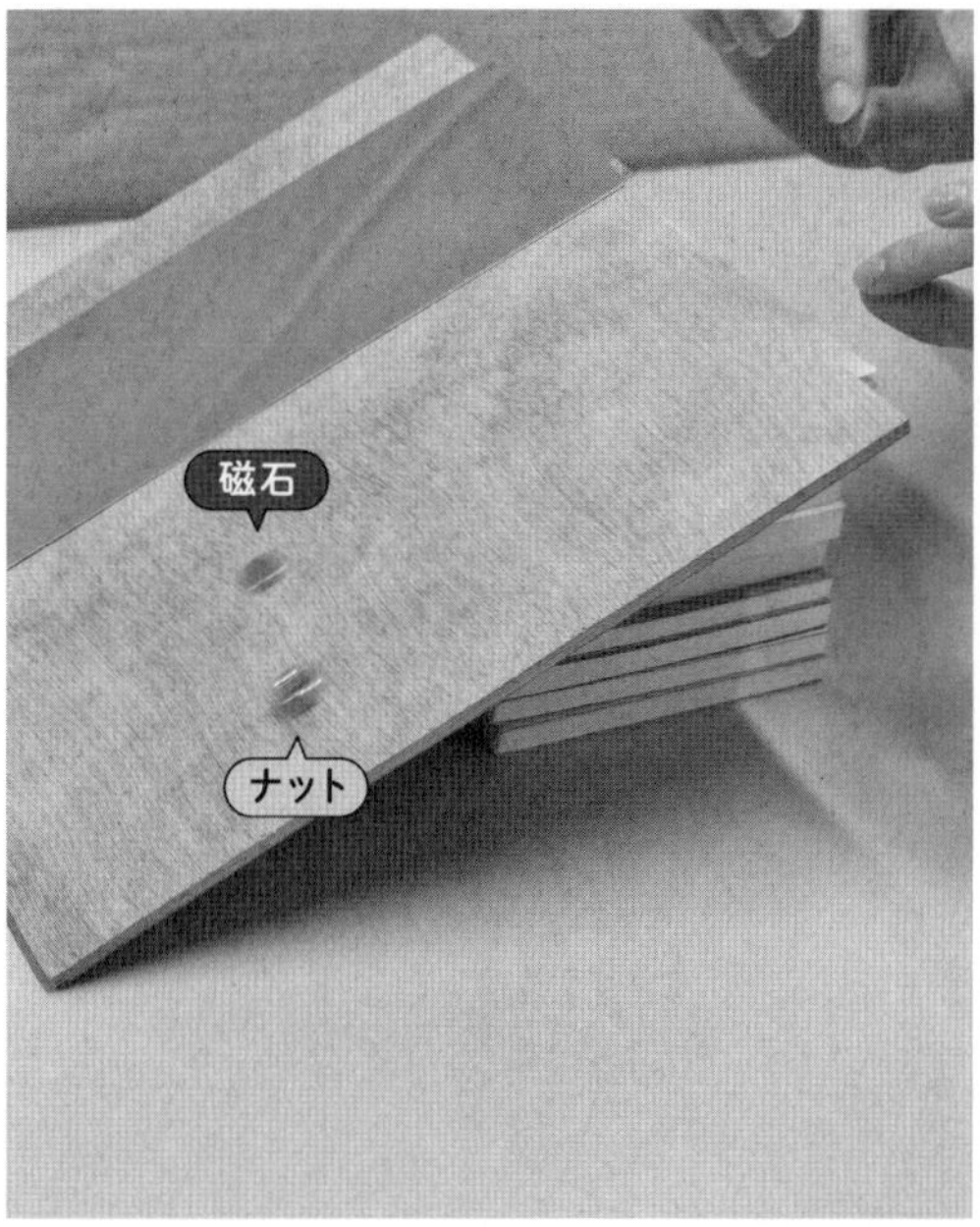

6 ほぼ同時に滑りおりた

同じ形・重さの磁石とナットなので、ほぼ同時に滑り終えました。なんの不思議もありません。

7 今度はアルミ板の面で試す

今度はアルミ板の面を使って、磁石とナットを指で押さえたあと、同時に手放します。

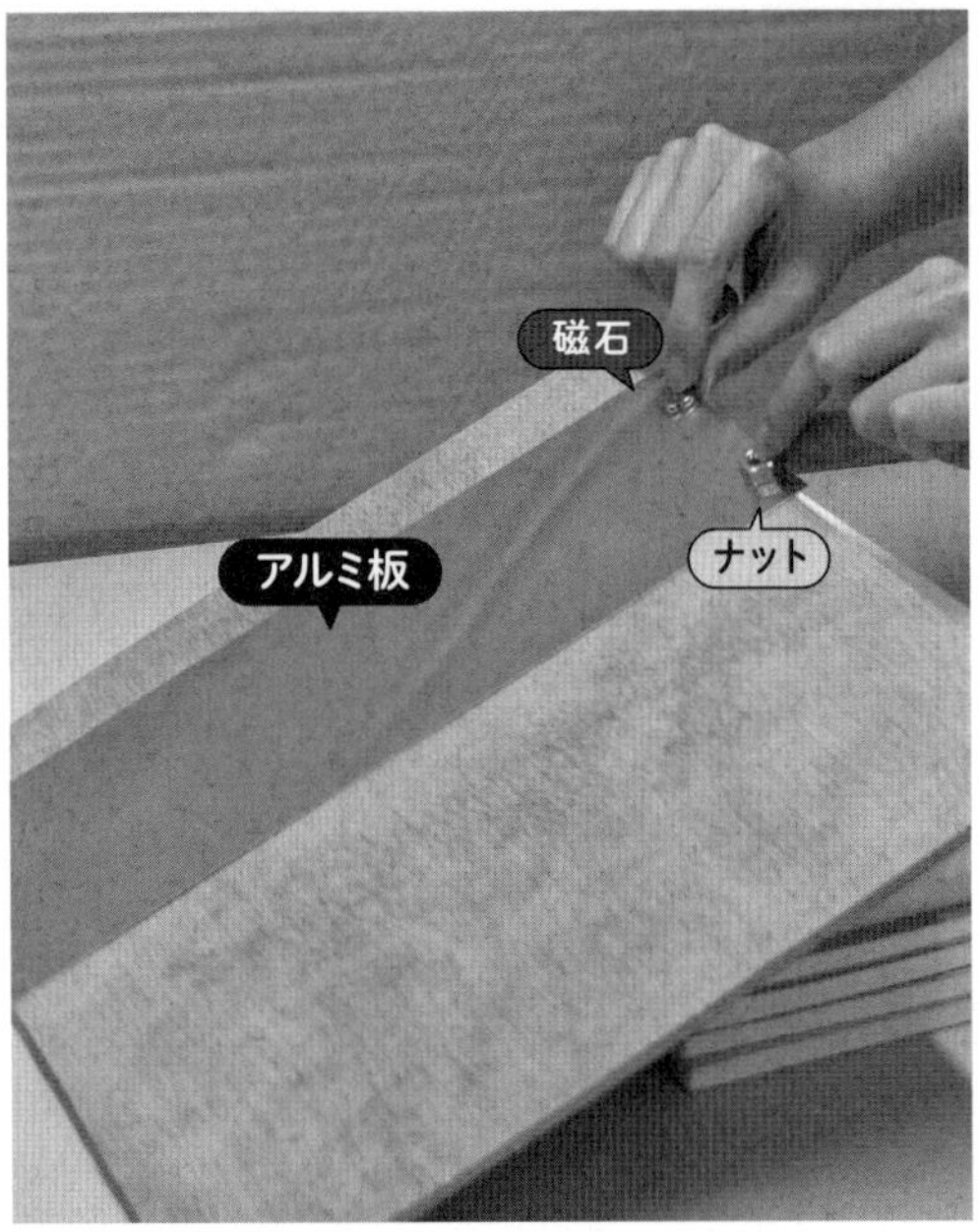

8 アレレ、磁石はずいぶんゆっくり

なんだ！　不思議すぎる。磁石はずいぶんゆっくりとおりていきます。アルミには磁石はくっつかないはずなのに、なぜでしょう。

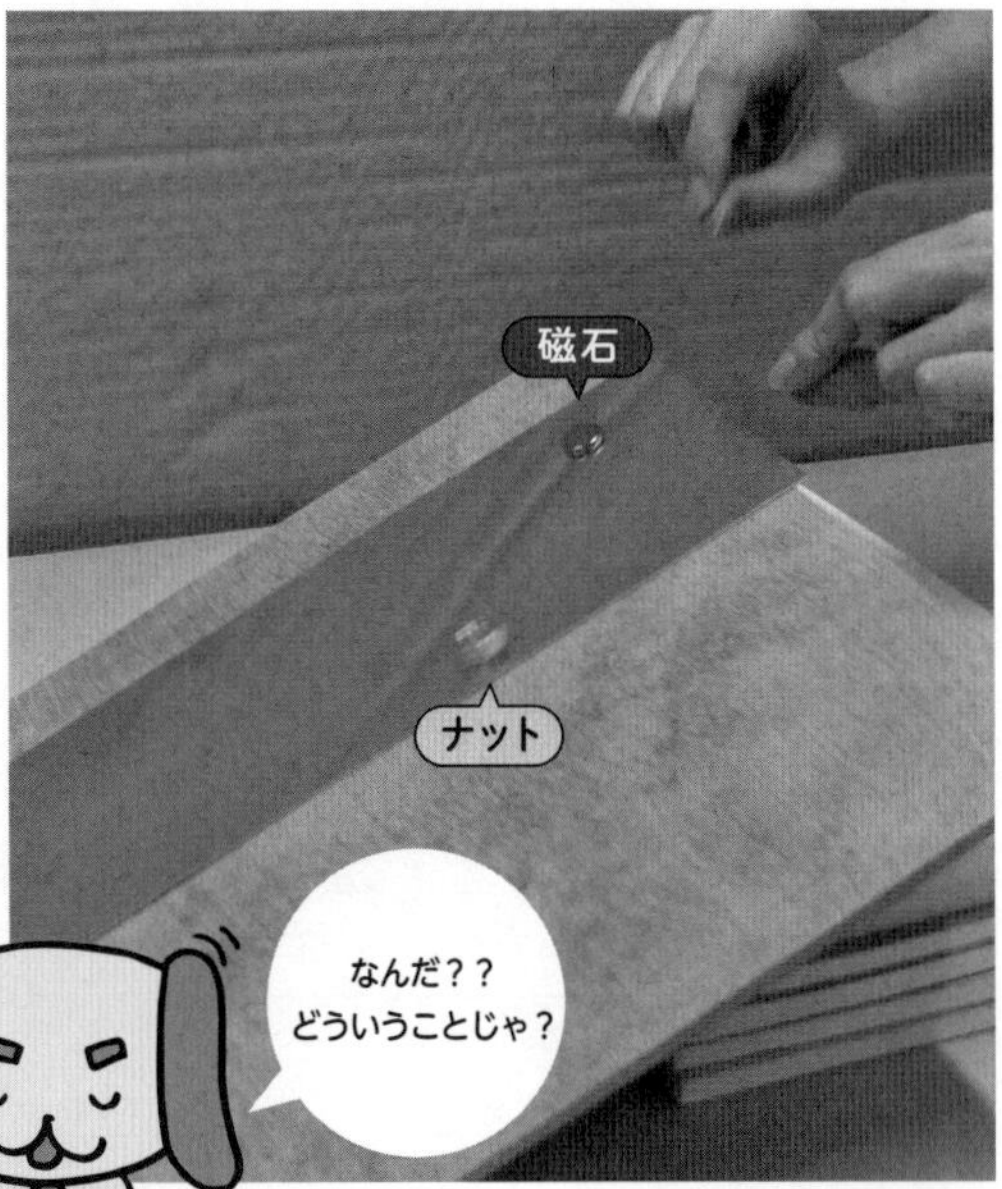

9 ナットは滑りおりたけれど

ナットは木の板の面で滑らせたときと同じぐらいのスピードで滑りおりましたが、磁石はまだ滑り始めたばかりです。

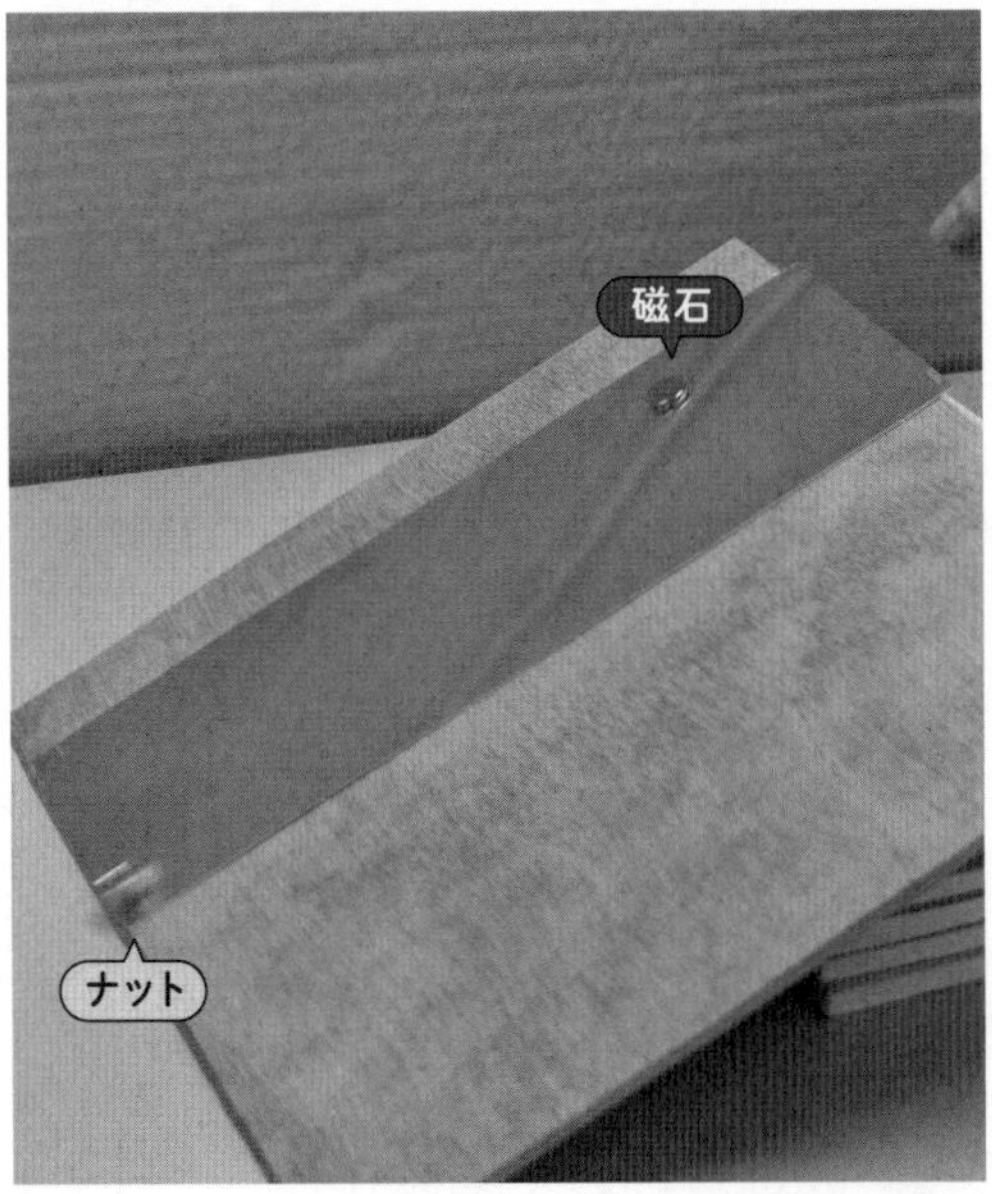

解説

不思議の正体は渦《うず》電流の発生

磁石が動くとアルミに渦電流が発生

アルミに磁石はくっつかないはずなのに、実験ではネオジム磁石（以下、磁石）が、まるでアルミにくっつくかのような不思議な現象を見せたのは、アルミの表面に渦巻き状の電流が発生したからです。

アルミと磁石の距離が一定のとき、つまりアルミも磁石も動いていないときは、アルミの表面に電流は発生しません。磁石とアルミの距離が変化するとき、つまりお互いが近づくかあるいは遠ざかるときに、アルミの表面に磁石の位置を中心として周囲に渦巻き状の電流が発生します。この電流を「渦電流」と呼びます。

アルミ板の斜面を磁石がゆっくりと滑りおりたのは、アルミ板に発生した、その「渦電流」が原因です。

アルミに渦電流ができると磁力を発生させます。その磁力が磁石と反発しあって逆向きの力が発生、磁石の動きがゆっくりとした動きに変化したのです。

アルミや銅などの金属は電気を通しますが、磁石にはくっつきません。しかし、互いに動きがある場合は様子が異なってきます。

斜めに設置したなめらかなアルミや銅の金属板の上に磁石を置くと、重力によって磁石は滑りおり始めますが、ブレーキがかかったようになり、下方に向けてゆっくりと加速します。速くなるにつれ渦電流が強くなりますが、加速した磁石の動きにつれて逆向きに妨害する磁力も強くなり、やがて磁石の加速は止まり、等速になります。

斜面でなくてもアルミのパイプを地面に垂直に立てて、なかに磁石を入れて落とすと、磁石はパイプのなかをゆっくりと落ちていきます。

アルミと磁石はくっつかないのに、磁石となにか関係があるかのような動きをするわけです。

アルミパイプではなく、プラスチックや塩ビなどのパイプで同じことをしても、アッという間に磁石はストンと落ちてしまいます。

プラスチックや塩ビは電気を通しませんので、渦電流は発生しません。渦電流が発生しなければ磁力も発生しませんから、磁石の力と反発しあって落ちる速度がゆっくりになることもないのです。

斜面の実験でも、木の板は電気を通さないことから、ナットも磁石も同様のスピードで滑りおりたわけです。

アルミも木の板もプラスチックも、磁石にくっつかないことは同じですが、電気を通すか通さないかで、磁石の影響の受け方が変わるのです。電気と磁石の間には強い関係があるわけです。

なお、アルミホイルを板に敷いても、厚さが薄いので電気抵抗が大きく、渦電流の発生が弱いため、この実験には向きません。

10 なんで磁石は遅くなったの？

磁石もやっと滑りおりましたが、木の板の面のときの倍以上の時間がかかったようです。実際の様子は下のQRコードから動画をご覧ください。

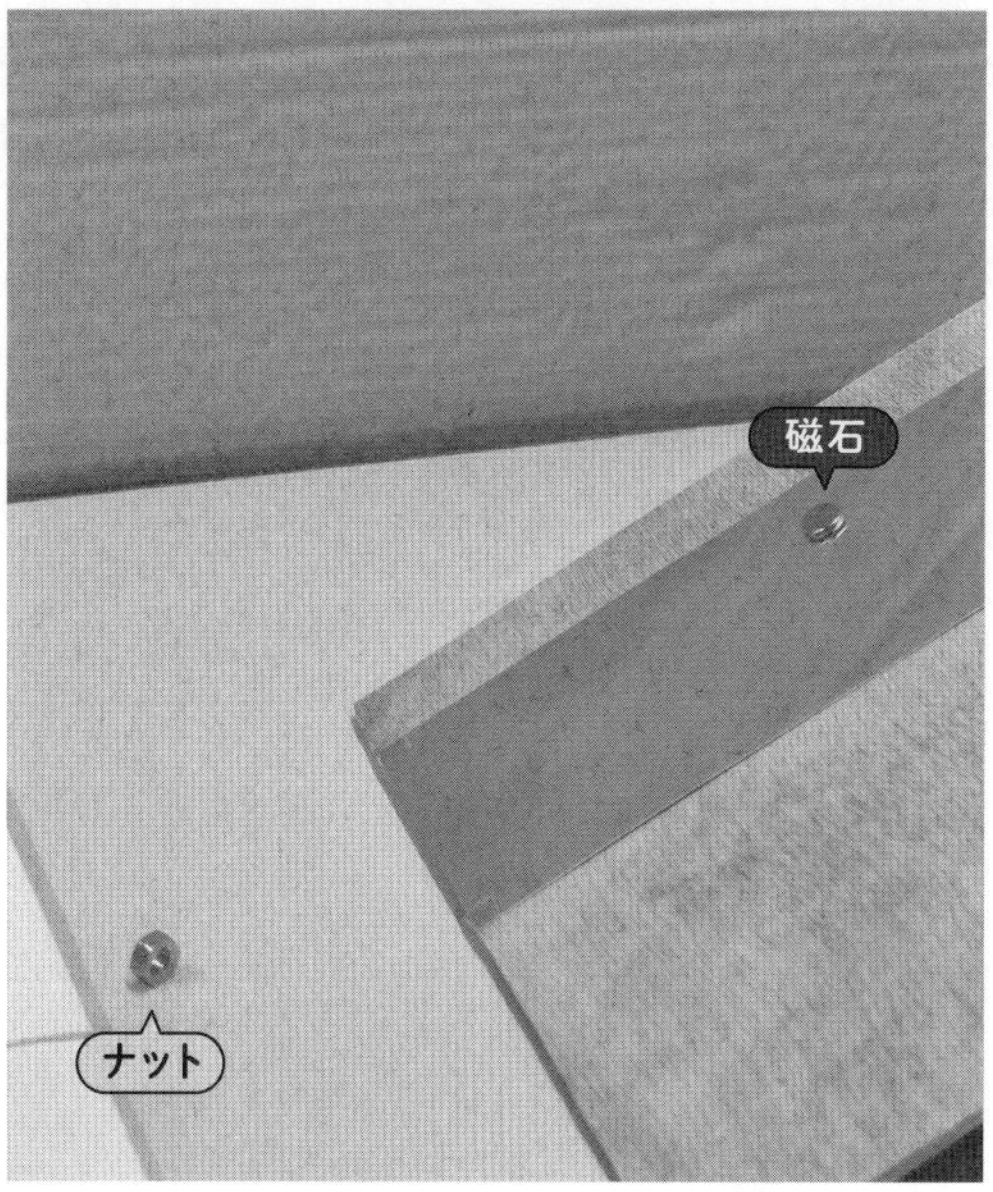

私たちの日常生活にも応用されている

回転するアルミなどの円盤に、磁石を近づけて渦電流が発生すると、磁石とアルミが反応して回転を止めようとする強いブレーキがかかります。これは電磁ブレーキと呼ばれています。

新幹線ではこの電磁ブレーキを応用して、ブレーキをかけています。接触させてブレーキをかけるわけではないので、円盤は摩耗することがありません。

また、IHクッキングヒーター（電磁調理器）は高周波の磁力線によって、鍋の底に渦電流を発生させ、この電流による発熱を料理に使い、効率のよい電気器具として普及しています。

渦電流が生じることによる不思議な実験は、2020年6月号の『なぜなに科学実験室』で「アラゴの円盤」という現象を扱っています。雑誌をお持ちでない方は、本誌HPのなかのYouTubeのリンクから「動画」チャンネル内「アラゴの円盤」というタイトルを探してください。

動画はこちら▶

ネオジム磁石の不思議な様子は、こちらの動画でご覧ください。

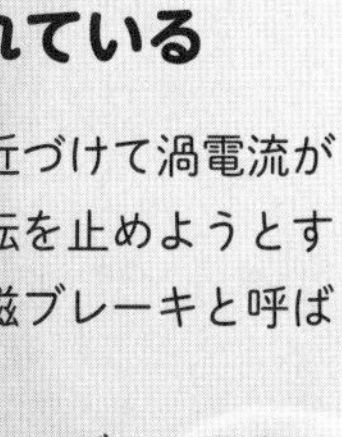

そうだったのか！

中学生のための経済学

山本 謙三
オフィス金融経済イニシアティブ代表、前ＮＴＴデータ経営研究所取締役会長、元日本銀行理事。

「経済学」って聞くとみんなは、なにか堅〜いお話が始まるように感じるかもしれないけれど、現代社会の仕組みを知るには、「経済」を見る目を持っておくことは欠かせない素養です。そこで、経済コラムニストの山本謙三さんに身近な「経済学」について、わかりやすくお話しいただくことにしました。今回は日銀の愛称でおなじみ、日本銀行の登場です。

日本銀行ってどんなところ？

日本銀行は特別な法律に基づいて設立された、わが国唯一の中央銀行です。１８８２年に業務を開始し、現在は東京都中央区にある本店のほか、国内32の支店と14の事務所、海外に7の駐在員事務所をおいています。

中央銀行は経済発展の基盤を作る

中央銀行の仕事は「通貨」（日銀でいえば「日本円」）の供給と吸収を通じて金利の水準や通貨の総量をコントロールし、以下の目的を達成することにあります。

目的には物価の安定確保などいくつかありますが、ひと言で表せば、家計や企業が安定的に経済活動を行える環境を作るということです。物価の安定などにより、安心して消費や投資の活動ができることは、健全な経済発展のための基礎的な条件です。

金融市場の安定化

教科書の多くは、日銀の役割に「発券銀行」「銀行の銀行」「政府の銀行」の3つをあげています。これはおもに、日銀が通貨（資金）を供給、吸収する経路に着目した分類です。「発券銀行」とはお札（日本銀行券）を発行し、流通させる機能のことをいいます。「銀行の銀行」は、日銀内にある民間銀行の預金口座を通じて市中から資金を吸収、供給する機能です。「政府の銀行」とは、日銀内にある政府の預金口座を通じて、財政資金を受け払いする機能をいいます。

民間銀行や政府と違い、家計や企業は日銀内に預金口座を持つことができません。ここで、ゴールデンウィーク（GW）のような、

イベントが増加してお札の需要が高まる時期のことを考えてみましょう。人々は民間銀行にある口座から預金を引き出し、お札を手元におこうとします。銀行は金庫に保管しているお札で、預金の引き出しに対応します。その後、日銀内にある自らの口座から預金を引き出し、金庫内の残高を復元します。

もし日銀内の預金口座の残高が不足する場合は、各銀行は別の銀行からお金を借りてこなければなりません。しかしGWのように、どの銀行も似た状況にある時期はお金を借りたい銀行が増えるため、金利が高騰し経済を円滑に回せなくなります。そういった事態が起きないよう、日銀は市場の資金過不足に目を配りながら、銀行に貸し出しを行うなどして金融市場に資金を供給し、経済の安定を図っています。

© ウーカ /PIXTA

日銀の具体的な目的とは

では日銀の目的について、さらに詳しくみていきましょう。

第1は決済システムの円滑な運営です。決済とは、モノやサービスを売買する際の代金の受け渡しのことをいいます。現金の受け渡しが代表例ですが、ほかにも様々な決済方法があります。例えばクレジットカードによる決済は、まずカード会社が店舗の預金口座に代金を振り込み、一定期間ののち、カード保有者の預金口座からカード会社の口座に資金を振り替えることで一連の決済が完了します。

また、買い手と売り手がそれぞれ異なる銀行に預金口座を持つ場合、銀行間の資金決済が発生します。日銀はわが国全体の資金決済が円滑に進んでいるかを監視すると同時に、民間銀行同士の資金決済のネットワークシステム（日銀ネット）も運営しているのです。

第2の目的は、金融システムの健全性確保です。一国の通貨には現金のほか日銀内にある銀行口座の預金や、民間銀行にある家計や企業の口座の預金があり、いずれも日々の決済に利用されています。民間銀行の経営が行き詰まり、預金者に預金を払い戻せなくなれば、経済は大きな打撃を受けます。預金者が不安に駆られ、銀行から競って預金を引き出すようなことがあると、ほかの健全な銀行も資金不足におちいりかねません。銀行は企業から貸出金の回収を急ぐことになり、経済活動は収縮してしまいます。

金融機関の監督は政府（金融庁）の役割ですが、日銀も通貨を発行する立場から金融機関の経営状態を把握し、いざというときには直接資金を貸し出すなどして、金融システム全体の健全性確保に尽力します。

第3の目的は、物価の安定確保です。物価はおおむね、世の中にあるモノ・サービスと通貨の量のバランスで決まります。日銀が供給する通貨の総量が多すぎればインフレーション、すなわち物価の上昇（＝通貨価値の下落）が起きやすくなります。反対に少なすぎればデフレーション、すなわち物価の下落（＝通貨価値の上昇）が起きやすくなります。こうした行き過ぎがないよう、日銀は金利の水準と通貨の総量をコントロールすることにより、物価の安定確保に努めています。

新聞やテレビは金融政策と呼ばれる「物価の安定確保」の役割ばかりに目を向けがちですが、日銀の責任はもっと幅広く、多岐にわたるということです。

淡路雅夫の

中学生の味方になる子育て　第６回

楽しむ 伸びる 育つ

profile　淡路雅夫（あわじ まさお）　淡路子育て教育研究所主宰。國學院大学大学院時代から一貫して家族・親子、教育問題を研究。元浅野中学高等学校校長

思春期の子どもの自信をどのようにして育むか

今回は、子どもの自信をいかに育てるかというお話です。子どもが中学生になって、新しい生活環境にうまく適応できず自信を失ってしまう「中１プロブレム」という問題への対処です。

中学生になると周囲の環境が当然変わります。その要因は色々ですが、思春期に入った中学生の人間関係は、小学校の友だちよりも多様化し、自分のリズムで人との関係を営むことが難しくなります。

少子化もあって、対人関係のトラブルは小学校高学年から中学生になって起こることが多くなっています。

また学習内容も急速に難しくなります。「教科担任制」のもと、担当教員は自分の教科内での状況はよく把握し、生徒個々の理解や学びに合わせて指導をしようと心がけてはいますが、日常生活全体には必ずしも十分には目が届きません。小学校で上位にいた生徒が、１学期や前期の中間試験の結果を見て、自分の成績を悩み、自信を失い始めている状況が見逃がされることもあります。

保護者のみなさんこそ、子どものメンタル面の問題に早めに気づき、その生活を支えてほしいのです。

まず、思春期の生徒をとりまく環境への対応です。最近、コミュニケーションという言葉がよく聞かれますが、中学生にとって大事なことは友だちとの対話の仕方です。

思春期は、保護者との対話より友だち関係を重視し、自己主張も強くなる年令です。対話の仕方が未発達の子どもの場合、友だちはほしいがなかなかできないというジレンマを抱えます。

この時期、子どもがうまく自己表現できるように、保護者は日ごろから対話の仕方を支援してあげてほしいのです。対話は、まず相手の言うことを聴くこと、そして自分の意見を主張しながらもお互いの意見を交換する場だという、コミュニケーションの基本を伝えておくことです。

それが、相手を尊重する対話につながり、対人関係にも自信が生まれてくるのです。

学習についていけない状況を打破するには

次に、学習面の問題です。学習の結果には、日常の生活の仕方が反映されます。中学校での学習は、急速に専門的になりますから、新しい学習の仕方の準備が必要なのです。授業は、教科によっては予習だけでなく、復習も重要になります。

とりわけ、基礎力や得点率の高い問題をしっかり理解する学習力を身につけることが大切です。

基礎力とは、どの問題集にも出てくるような事項は完答できる力です。

得点率の高い問題とは、すなわち多くの生徒が解けている問題です。これらの問題を間違えていたら、どうしてできなかったのか、どのように勉強しておけばできたのかを、いっしょに考えることが大切です。家庭でそのような習慣をつけること、これが振り返りという復習です。

同時に、できた問題はどのような勉強の仕方をしたからできたかの確認をしましょう。これが学習へのモチベーションと「できる」という自信を育むうえで、とても重要です。

学習内容が難しくなればなるほど、こうした準備が、安定した学習力につながり、自信を失わずに済みます。教科学習というものは３年ないし6年かけて習得すればよいのです。

学ぶ目的と学び方を明確にする、つまり、学習の環境を整えることが大切だ、ということに中学生自身に気づいてほしいと思います。

これからの社会に必要な主体的学習力とは

さて、中学の後半になると、将来の夢や高校の進路が話題になります。将来の社会は、子どもの好奇心や興味・関心事を活かす時代ともいわれます。

そこで、子どもの持ち味や強みを活かし、不得意分野のリスクを小さくすることに心を砕きましょう。

得意分野は、自分の好きなことですから、極めようと努力すればだれでも、ますます磨きがかかり、モチベーションを高め自信を生みます。

子どもの将来は、不確実な社会ですから、すべてのことを万《まん》遍《べん》なく学ぶことより、子どもの関心事をいくつか育て、磨いていくことが大切です。それが、これからの子育てだと思います。得意分野で培ったエネルギーは、きっと子どもの強さと主体性を育て、不得意分野を乗り越える学びにつながっていくはずです。

次回は、高校生活に向けた学びについてお話しします。

〈つづく〉

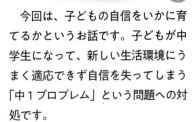

PICK UP NEWS
ピックアップニュース！

インド、デリーの旧市街にある卸売市場の混雑した道路で人力車に乗る人々（2022年11月15日）写真：EPA＝時事

今回のテーマ
世界人口80億人

国際連合人口基金（UNFPA）は2022年11月、世界の人口が80億人を突破したと推定されると発表しました。70億人に達したのが2010年ですから、12年間で10億人増えたことになります。

7月時点の推計で最も人口が多かったのは中国で、14億2588万人、次いでインドの14億1717万人、3位はアメリカで3億3829万人、日本は1億2395万人で11位でした。国連は2023年にはインドが中国を抜くと予想しています。

国連によると、医療の発達や栄養状態の改善などによる死亡率の低下、それに伴う平均寿命の長期化などが人口を増加させている要因だとしています。しかし、増加率は鈍化しており、90億人を超えるのは14年後の2037年とみられています。世界の人口がピークを迎えるのは2080年代で、104億人に達する見込みです。

70億人から80億人への増加分の7割は低所得国と低中所得国となっており、2050年までに増える人口の半数以上はアフリカのサハラ砂漠以南の国々が占めると考えられています。その結果、世界人口の25％以上はアフリカの人々となりそうです。

一方で、日本を含む61の国や地域では出生率が低下しており、人口が減少しています。その多くは先進国です。

人口増加で食糧問題やエネルギー問題が深刻化することが予想され、国連のグテーレス事務総長は「持てる者と持たざる者の格差を解消しなければ、緊張、不信、危機、紛争の世界に身をおくことになる」と警告しています。

日本の人口は、政府が発表した2021年の人口動態統計によると、出生者数は2020年より2万9213人少ない81万1622人です。女性が一生の間に子どもを産む合計特殊出生率も、全国平均で0.03ポイント下がり1.30となりました。亡くなられた方は143万9856人で、単純に計算すると、約62万人減少したことになります。自然増減数は15年連続して減少しています。このままいくと2050年には1億人を割り込み、2100年にはいまの半数程度になるという試算もあります。2022年の出生者数はさらなる減少が予想されており、80万人を切ることが確実視されています。

ジャーナリスト **大野 敏明**
（元大学講師・元産経新聞編集委員）

思わずだれかに話したくなる

名字の豆知識

第31回

都道府県別の名字
今回は

栃木

北関東の栃木で多い名字とは

栃木県の県名その由来は様々

栃木県は下野国《しもつけのくに》をそのまま継承しましたが、県名は県庁所在地の宇都宮でも、宇都宮を囲む旧河内《かわち》郡の河内でもなく、都賀郡栃木郷からつきました。

その理由は宇都宮藩が幕末、新政府側についたものの、旧幕府軍と戦って敗れ、落城するなど、積極性に乏しかったこと、河内県だと大阪府の河内と混同する恐れがあったこと、などとされています。

栃木と書かれるようになったのは明治以降で、江戸時代までは栃木と書きました。栃木の由来は、木の国（毛の国、現・栃木県）と紀州の木の国（紀の国、現・和歌山県）を区別するため、「遠く離れた木の国」を意味する「遠津木《とおつき》」とつけたものが訛《なま》ったとの説、木の多いところで、十千《とち》の木《き》（たくさんの木）があったという説などがありますがはっきりしません。

かつては現在の群馬県とともに「毛の国」を構成し、これが「上つ毛＝上野《こうずけ》」、「下つ毛＝下野《しもつけ》」に分かれました。

栃木県のベスト20の名字をみてみましょう。鈴木、渡辺、佐藤、斎藤、小林、高橋、福田、石川、加藤、松本、田中、青木、菊地、手塚、大塚、阿久津、大島、山口、中村、阿部です。

このうち全国ベスト20以外の名字は福田（全国43位）、石川（同27位）、青木（同40位）、菊地（同96位）、手塚（同４４５位）、大塚（同88位）、阿久津（同７４３位）、大島（同１７１位）、阿部（同23位）の9姓です（新人物往来社『別冊歴史読本　日本の苗字ベスト１００００』より）。石川、菊地、阿部はすでに過去の連載回でみましたので、残りの6姓を考えましょう。

葦《あし》の多く生えている田を「葦田《あしだ》」といいましたが、「葦」が「悪《あ》し」に通じることから「葦」を「よし」と読ませ、嘉字《かじ》をあてて「吉田」となったことは、「吉田」の回（２０２０年10月号掲載）で述べました。「福田」も同じです。風が吹くと砂が舞い上がる「吹田」、あるいは湿地帯の「深田」を、似た音で嘉字をあて「福田」としたのです。栃木県の日光エリアから今市エリアにかけてとくに多い名字です。

「青木」の青はどんな色だった？

古代から日本の色の形容詞は「赤い」「白い」「黒い」「青い」の4つしかありません。「黄色い」と「茶色い」のように「色」に「い」をつけて形容詞化したのは後世です。さて「青い」ですが、赤でも白でも黒でもない色が古代の青なのです。ですから、馬のことを「青」ということがありますが、この「青」とは黒っぽい色の馬をさします。決してブルーではありません。昔の言葉の意味から考えると、そういうよくわからない色の木が青木ということになりますが、ちょっとピンときません。名字の「青木」はおそらく「仰木」「大木」からの転ではないかと思います。「仰木」は見上げるような大木で、「大木」もそうでしょう。しめ縄が張ってあるような立派な木です。「仰木」は「あふぎ」と、「大木」は「おほぎ」と発音し、それが「あおき」に変化して「青木」の字をあてたと思われます。兵庫県神戸市東灘区の「青木」は「おうぎ」と読み、同地の阪神電鉄「青木駅」は「おおぎえき」です。また山口県岩国市の「青木町」は「おおぎまち」と読みます。栃木県黒磯市に青木という大字《おおあざ》があります。

手塚と大塚はいっしょに考えてみましょう。この塚は古墳のことです。古墳の上に神社が建ったりして、その周囲が「宮本」「山本」「山下」などとなったことは「山本」の回（2020年2月号掲載）で説明しましたが、同様に「塚本」ともなり、その古墳が大きければ「大塚」、大きくなければ「中塚」「小塚」などと変化したのです。そうした流れのなかに「手塚」もあると考えていいでしょう。

阿久津は地形から出た名字です。窪んだ地を古語で「あくつ」といい、漢字では「圷」と書きます。「阿久津」は音をあてたものです。

大島は一定の地域である「シマ」の大規模なところという意味からつけられたと思われます。栃木県の大島氏は結城氏の家臣で、下野国仁良川《にらがわ》郷（現・栃木県佐野市）発祥といわれ、現在は那須郡那須町の大字に大島があります。

これ以外で栃木県に多い名字をあげてみました。星野、増渕、高久《たかく》、磯、宇賀神《うがじん》、八木沢、猪瀬《いのせ》、茂木（茂手木）、高根沢、蓮見。ここで県都宇都宮の名のもとになった宇都宮氏についてみてみましょう。藤原道長《ふじわらのみちなが》の兄道兼《みちかね》の子、兼隆《かねたか》の3代子孫の宗綱《むねつな》が、下野国司となって宇都宮氏を名乗り、以後、下野一帯の豪族となります。この宗綱の5代子孫が景綱《かげつな》で、その弟、盛綱が高根沢に住んで高根沢氏となったといわれます。宇都宮は二荒山《ふたあらやま》神社が名の由来で、支流には八田、塩谷、笠間、秋元、結城、芳賀、氏家、大野などがあります。秋元は江戸時代、上野国・館林で6万石の大名となりました。

栃木県に多い名字
「青木」の由来は
見上げるような大木？

ミステリーハンターQのタイムスリップ歴史塾

源頼朝

今回のテーマは源頼朝。日本で初めての武家政権となった鎌倉幕府を開いた人物だね。頼朝の生涯をわかりやすくまとめて紹介するよ。

勇 2022年のNHK大河ドラマでは源頼朝《みなもとのよりとも》が登場したけど、どんな人だったの？

MQ 初めての武家政権である鎌倉幕府を開いた人だね。

静 いったいどんないきさつがあったの？

MQ 頼朝は1147年、源氏の棟梁（当主）である源義朝《みなもとのよしとも》の3男として生まれたんだ。1159年に源氏と平家が全面対決する平治《へいじ》の乱に参加、源氏方は敗北して父の義朝は殺され、長兄の義平《よしひら》は処刑、次兄の朝長《ともなが》も死んでしまった。頼朝はまだ13歳だったので、伊豆に流されて殺されずに済んだんだ。

勇 伊豆ではなにをしてたの？

MQ 流刑者といっても牢屋《ろうや》のようなところに入れられていたのではなく、生活は自由で、地元の武士が奉仕をして、鷹狩なども楽しんだらしい。1180年に以仁王《もちひとおう》が平家打倒の令旨《りょうじ》を出すと、これに応えて挙兵したけど、このときは失敗したんだ。

静 失敗しても諦めなかったのね。

MQ 頼朝は少しずつ地元の武士団の信頼を得るようになり、鎌倉に拠点を移し、東国政権のようなものを建てて、弟の義経《よしつね》らに平家を討たせたんだ。1185年に平家が滅亡すると全国に守護《しゅご》・地頭《じとう》を設置して、鎌倉に公文所《くもんじょ》や問注《もんちゅう》所《じょ》を設けて武家政権を樹立したんだ。

勇 頼朝はなぜ京都で政権を作らなかったの？

MQ 京都の院（法皇や上皇）や天皇、貴族などと一定の距離をおいて、その影響を受けないようにする狙いがあったといわれているよ。

静 弟の義経はどうなったの？

MQ 頼朝と義経は対立してしまった。頼朝は義経が院に近づきすぎたことを理由に義経の討伐命令を出して殺させてしまったんだ。頼朝は1189年には東北地方を治めていた奥州藤原氏を自ら軍を率いて滅ぼし、全国統一を成し遂げた。1192年には征夷大将軍に任じられて、名実ともに鎌倉幕府が成立したんだ。

勇 幕府は順調にスタートしたの？

MQ 頼朝は京都に何度か行って、朝廷との関係修復に努め、順調にみえたんだけど、1199年に53歳で急死してしまう。死因は落馬が原因とも病気ともいわれている。その後、長男の頼家《よりいえ》が2代将軍になったけど、御家人の争いから頼朝直系は絶えてしまう。幕府は頼朝の妻の政子の実家である北条氏が実権を握り、執権として鎌倉幕府を牛耳《ぎゅうじ》っていくようになるんだ。

ミステリーハンターQ（略してMQ）

米テキサス州出身。某有名エジプト学者の弟子。1980年代より気鋭の考古学者として注目されつつあるが本名はだれも知らない。日本の歴史について探る画期的な著書『歴史を掘る』の発刊準備を進めている。

山本 勇

中学３年生。幼稚園のころにテレビの大河ドラマを見て、歴史にはまる。将来は大河ドラマに出たいと思っている。あこがれは織田信長。最近のマイブームは仏像鑑賞。好きな芸能人はみうらじゅん。

春日 静

中学１年生。カバンのなかにはつねに、読みかけの歴史小説が入っている根っからの歴女。あこがれは坂本龍馬。特技は年号の暗記のための語呂合わせを作ること。好きな芸能人は福山雅治。

生徒

身の回りにある、
知っていると
役に立つかもしれない
知識をお届け!!

サクセス印のなるほどコラム

知って得する？　七福神と布袋

毎日寒くて、朝起きるのが大変（笑）。

布団から出るのがつらいんだよね。

なんでこんなに寒いのに無理やり起きなくちゃいけないの？　なんか腹立ってきた！

まあまあ、そう怒らないでよ。笑う門には福来るだから、怒っていると福が来ないよ？

怒らなくても福なんて来ないよ。

すねないでよ。そうだ、この絵を見て！

先生も相変わらずイキナリだなあ。

まあまあ、ここに描かれているお方、どなたかおわかりかな？

大きなお腹とサンタクロースみたいに袋を背負っているおじいさん、見たことある気がする。

特徴的な風貌《ふうぼう》、そしてこの笑顔もね！

あっ！　布袋《ほてい》さま？

正解だよ。七福神のうちのお１人だ。

じつはさ、七福神、全部言えるんだよね。

えっ！　若いのにすごいね。

布袋、恵比寿《えびす》、大黒天《だいこくてん》、福禄寿《ふくろくじゅ》、毘沙門天《びしゃもんてん》、寿《じゅ》老人《ろうじん》、弁財天《べんざいてん》でしょ？　たまたま毘沙門天をどこかのお寺で見たときに、カッコイイって思って覚えたんだ。

へえ～。毘沙門天、確かにあの出で立ちはカッコイイよなあ。

で、先生のお気に入りは布袋さま？

どうしてわかったの!?

絵を持ち歩いているんだもん。

まあ、確かにそうだ。さすがだね！

布袋さまのどのあたりに惹《ひ》かれたの？

七福神のなかでは、唯一実在したってところかな。

神さまが実在した？

うん。中国に実在したお坊さんを祀《まつ》ったらしいよ。

スゴッ！　神さまなのに、もとは人。

つねに袋を背負っていたことから、“布袋”という名前がついたらしいよ。

ふ～ん。この神さまのご利益は？

子宝、全体運アップ、縁結び、金運アップ、商売繁盛、無病息災、夫婦円満、家内安全など、色々なご利益があるらしいんだ。

全体運アップ、惹かれる。

どんなことも笑って許す心の持ち主だったらしいから、その人柄、いや神柄から多くのご利益があるのかもね。

先生って食べもの以外でも欲張りだね（笑）。

えっ？　どういうこと？

ご利益の多い神さまに惹かれるところがさ！

そこじゃなくて、笑っているお姿がいいんだよ！

先生も怒ると福が来ないよ（笑）。

仕返しされたな……。

お気に入りの七福神が毘沙門天から布袋に変わりそうなぼくも、先生のこといえないけどさ。

キミも案外欲張りだよね（笑）。でも、布袋さまのことをわかってくれて嬉しいよ。お礼といってはなんだけど、たくさん宿題を出すね。

それ違くない？

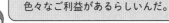

中学生でもわかる

高校数学のススメ

高校数学では、早く答えを出すことよりもきちんと答えを出すこと、
つまり答えそのものだけでなく、答えを導くまでの過程も重視します。
なぜなら、それが記号論理学である数学の本質だからです。
さあ、高校数学の世界をひと足先に体験してみましょう！

written by
湯浅 弘一
ゆあさ・ひろかず／湘南工科大学特任教授・
湘南工科大学附属高等学校教育顧問

Lecture! 軌跡

例題　すべての実数tに対して、点$P(2t, 4t-1)$はどんな図形を描くかを図示しなさい。

tの値	点$P(2t, 4t-1)$の位置
0	A(0, −1)
1	B(2, 3)
2	C(4, 7)

言葉が難しく聞こえますね。“すべての実数tに対して”というのは、色々なtの値を代入した際に、というイメージです。実際にこのtに$t=0, 1, 2$・・・と代入してみると、右の表のようになります。

これを実際に座標に書いてみると、下図㊧のようになります。この点を線で結ぶと直線になります㊨。これが“軌跡”です。ちょうど、点線を“なぞった”イメージです。“なぞる”を英語で表すと、trace。これを名詞では“軌跡”といいますから、確かに点が動いた跡をなぞったイメージです。

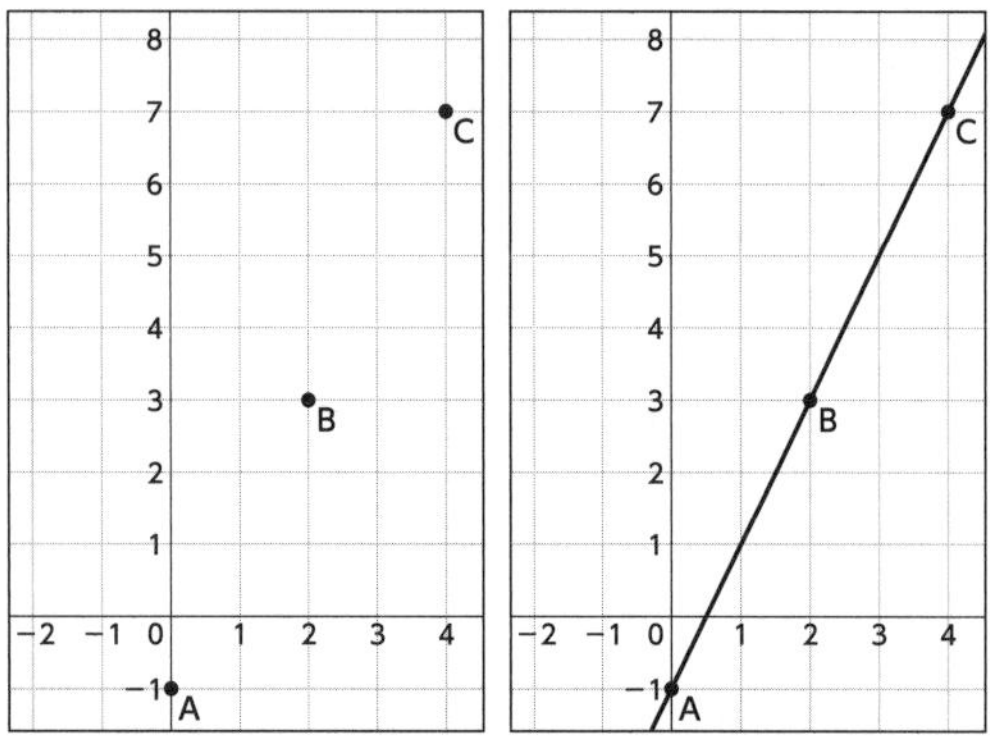

さて、この直線を式で表してみましょう。直線の式は(x, y)の1次式です。$P(2t, 4t-1)=(x, y)$とおくと、

$$\begin{cases} 2t=x \cdots\cdots ① \\ 4t-1=y \cdots\cdots ② \end{cases}$$

①②からtを消去してみると、①より$t=\frac{1}{2}x$

これを②に代入して$4\left(\frac{1}{2}x\right)-1=y$　つまり$\boldsymbol{y=2x-1}$と求まります。

今回学習してほしいこと

高校数学で扱う“軌跡”とは、点から(x, y)の式を作ること。
そのためには変数tを消去する。

さあ、早速練習です！　左ページに初級、中級、上級と3つのレベルの類題を出題していますので、チャレンジしてみてください。

練習問題

初級

すべての実数tに対して点$P(-t, 2t+1)$は
どんな図形を描くかを図示しなさい。

中級

すべての実数tに対して点$P(t^2, t^2+1)$は
どんな図形を描くかを図示しなさい。

上級

すべての実数tに対して
点$P(t^2+1, t^4-1)$の軌跡を求めなさい。

解答・解説は次のページへ！

解答・解説

初級

$(-t, 2t+1)=(x, y)$とおくと、

$$\begin{cases} -t = x \cdots\cdots ① \\ 2t+1 = y \cdots\cdots ② \end{cases}$$

①②からtを消去すると、①より$t=-x$

これを②に代入して
$2(-x)+1=y$

よって$\boldsymbol{y=-2x+1}$
（図は以下の通り）

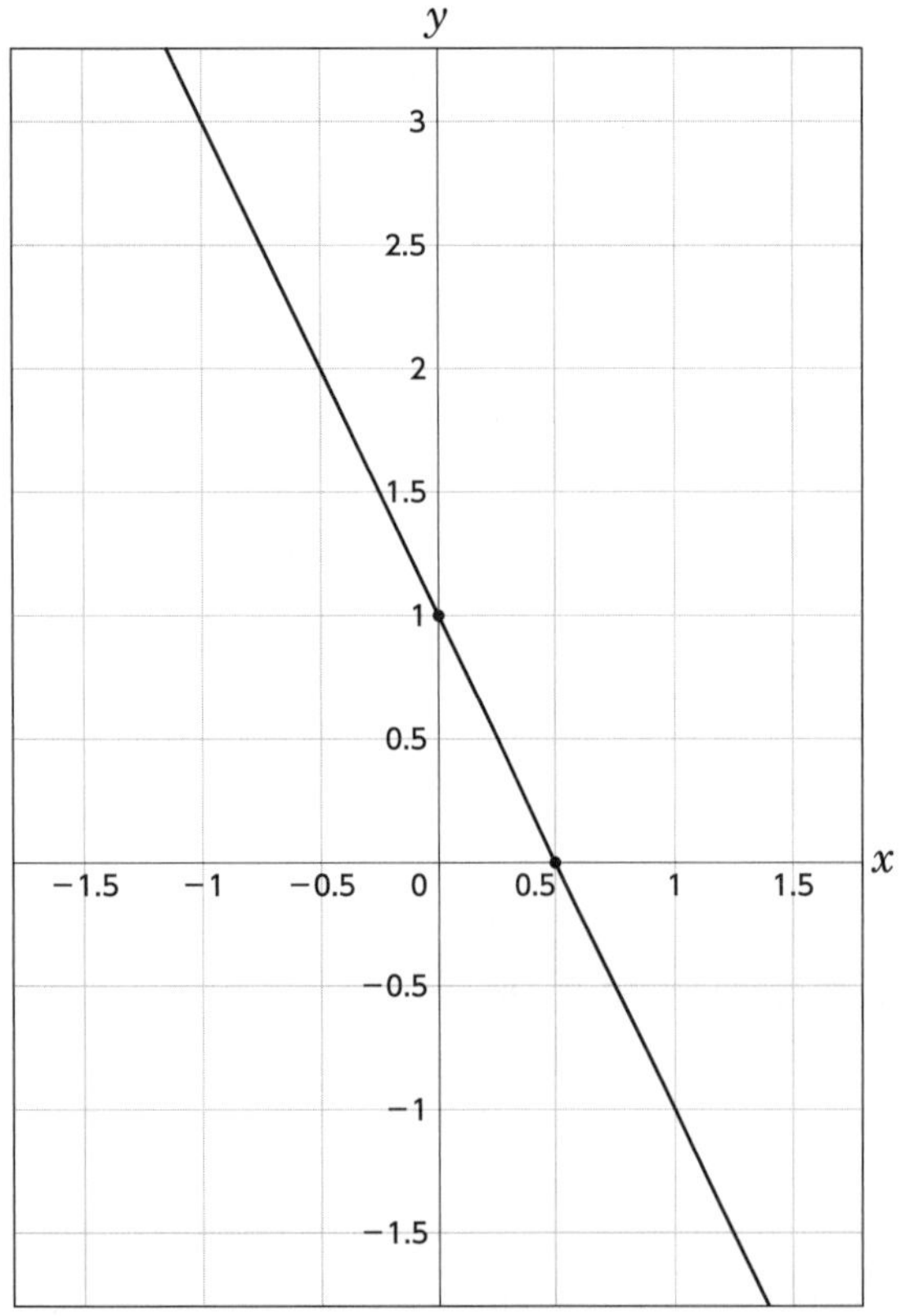

中級

$(t^2, t^2+1)=(x, y)$とおくと、

$$\begin{cases} t^2=x \cdots\cdots① \\ t^2+1=y \cdots\cdots② \end{cases}$$

①②からt^2を消去すると、

①に代入して$x+1=y$

つまり$y=x+1$

しかし、$t^2 \geqq 0$すなわち①は

$t^2=x \geqq 0$であることに注意して

求める軌跡は

$y=x+1 \quad (x \geqq 0)$

(図は右の通り)

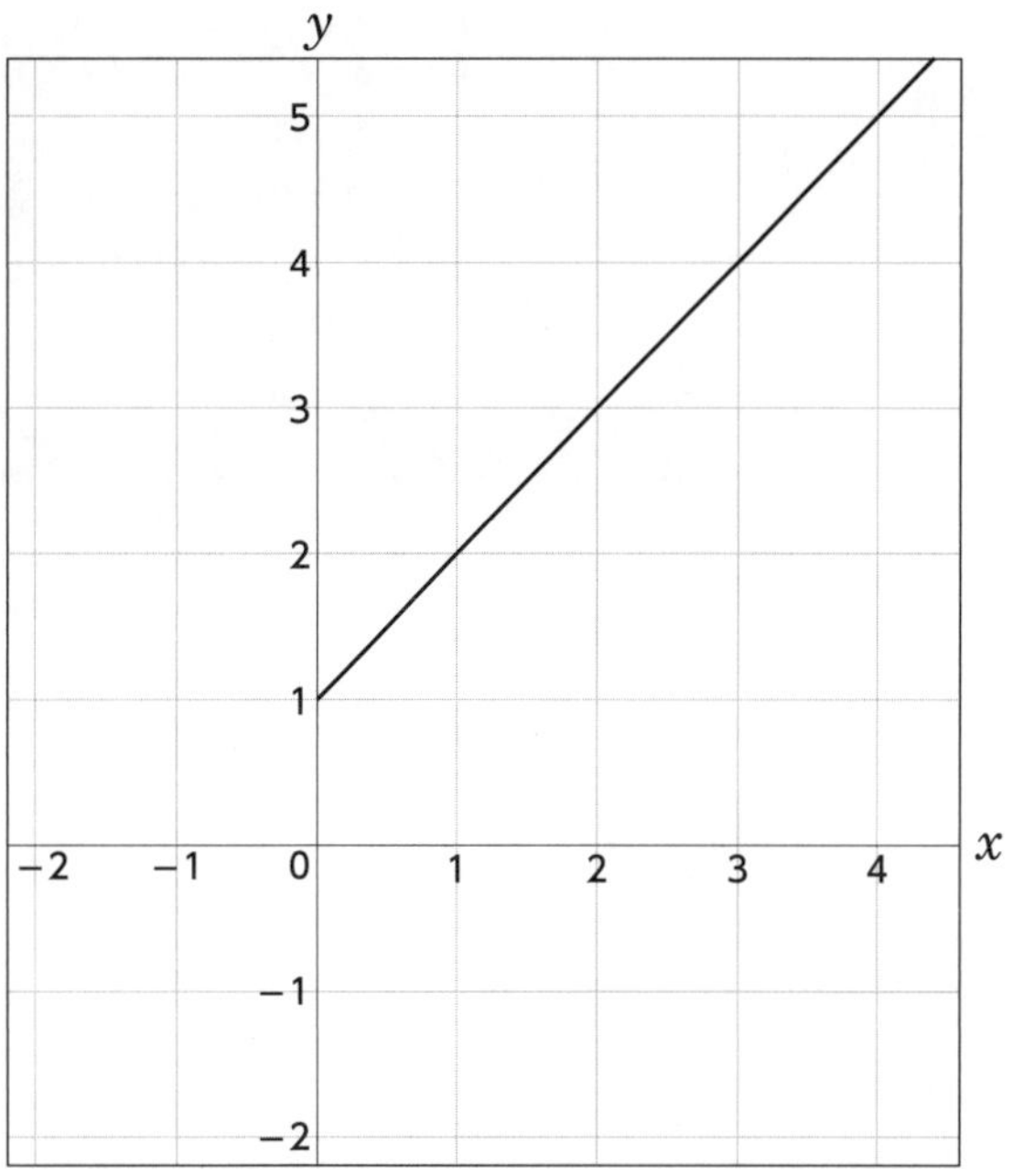

上級

$(t^2+1, t^4-1)=(x, y)$とおくと、

$$\begin{cases} t^2+1=x \cdots\cdots① \\ t^4-1=y \cdots\cdots② \end{cases}$$

①②からt^2を消去すると、①から$t^2=x-1 \geqq 0 \cdots\cdots③$【中級参照】

②は$(t^2+1)(t^2-1)=y$と変形できるので③を代入して

$(x-1+1)(x-1-1)=y$

よって求める軌跡は**$y=x(x-2)$　ただし、$x \geqq 1$**

余談ですが、最近のカーナビにはトレース機能というのがついていて、どこを走ってきたのかをカーナビ上に示すことができます。

通ってきた道(軌跡)をなぞってできたわけですね〜。

答え　**$y=x(x-2)$　ただし、$x \geqq 1$**

「やってしまった！」とあわてるなかれ 失敗に学んで次の一手を

今月の1冊

『やらかした時にどうするか』

著／畑村洋太郎
刊行／筑摩書房
価格／924円（税込）

失敗は嫌だ。失敗をすると気分が落ち込む。「どうしてあんな間違いをしたのだろう」とクヨクヨするし、せっかくのご飯もなんだか美味しくない。

だれもが経験したことのある、そんな苦い思い出に目を向けるのがこの本だ。もしいま、あなたが大きな「やらかし」をして、どうすればいいのかわからなくなっているなら、まずは第一章の冒頭部分を読んでみてほしい。

失敗をしたときの対応策として、著者はシンプルに「逃げろ！」とメッセージを送っている。失敗が厄介なのは、あなたがこれまで大切に育ててきた自信を奪い、気持ちを後ろ向きにさせることにある。憂鬱《ゆううつ》な感情に心も身体も支配されてしまうくらいなら、失敗から一時的に目を背け、エネルギーが回復するのを待っていい。そんなことがわかってきたら、少しだけ気持ちも楽になってくるに違いない。

著者が提唱する「失敗学」とは、失敗との上手なつきあい方を見出すための哲学のことだ。本書のなかでは、失敗を考えるための手法として、「逆演算による失敗の因果関係の解明」「失敗の原因の分類」「六項目による失敗の記録」の3つが紹介される。難しそうに感じるかもしれないが、図やイラストを交えながらわかりやすく解説してくれるので、積極的に失敗を分析してみようという「やる気」も沸いてくる。

失敗の経験から正しく学ぶ習慣ができてくると、思いついたアイデアを実現し、人生をクリエイティブなものにする「創造学」の哲学も身につけられるという。失敗を恐れて、行動しなければ「やらかし」を起こすことはないが、同時に新しいものを生み出すこともできなくなってしまう。そんな消極的な生き方では、せっかくの毎日が刺激のない、つまらないものになってしまうだろう。

自分はいま、成長できるチャンスを得た。そう思うことができたなら、失敗もそんなに悪いものじゃない。大切なのは、自分の「やらかし」と誠実に向きあう心を持つことなのだ。

グローバル教育出版の本

好評発売中

なぜかがわかる分数と濃度の話＋《プラス》

湘南工科大学特任教授　湯浅弘一 著

定 価 1,430円（税込）
四六判　並製 176ページ

困ってませんか？

中学で、算数が「数学」に変わったら、「なんか難しい」、「あれっ、わかんないや」っていう人いませんか。**じつは、小学生のあのとき、わかったつもりで次に進んだことに原因があるんです。**

とくに「分数」と「濃度」のところ、そのほかの単元でも「ちょっと不安だけど、まっいいか」って自分に言い聞かせて、きょうまで来ていませんか。

このままだと、君は「落ちこぼれ」になりかねない。ほんとは「置いてきぼり」にされてるだけなんだけどね。いまのうちに、苦手になってしまったあの部分、小学校のあの日を思い出して得意な部分にしてしまおう。

「数学？ 全然わからない」なんて言ってる、アナタへ

【著者まえがきより〜一部改】《わかると楽しいですよね？　でも、わかりにくいことってありますよね。だけどこの本はきっとわかります。なぜって？　**私が昔、数学が苦手だったからです。〝落ちこぼれ〟ってよく言われますけど、本当は〝置いてきぼり〟なだけなんです。**

どんな方でも〝振り返り〟は大事です。ここまで読んだアナタ！、振り返りの始まりです。さあ、始めましょう》

この本は２色印刷を採用、ふんだんに解説図を使用することで、視覚からもインプット、君の心にストンと落ちる工夫がなされています。

数学は、１つのことがわかると芋づる式につぎつぎとわかっていく楽しい学問です。

そしてそのとき、とてもスッキリとした爽快感を味わうことができます。そうなってしまえば、数学は受験生の友だちになり、志望校合格への大きな味方になってくれます。

株式会社 グローバル教育出版　〒101-0047 東京都千代田区内神田2-4-2 一広グローバルビル３階
電話 03-3253-5944　FAX 03-3253-5945　WEB https://www.g-ap.com/

今月号の問題

漢字ボナンザグラム

空いているマスに漢字を入れて三字・四字熟語を完成させてください。ただし、同じ番号のマスには同じ漢字が入ります。最後に［　　］に入る四字熟語を答えてください。

9	2	12	7
6	産	6	消
10	肉	10	背
真	12	3	路
1	義	4	分
年	10	7	13
諸	7	8	常
1	4	7	列

5	10	継
8	記	4
私	9	6
微	5	11
12	11	1
9	機	11
1	納	2
5	返	13

後	5	1	13
2	7	3	致
9	4	8	12
動	11	12	験
10	国	6	方
13	12	8	根
3	2	3	句
刑	13	13	件

（最上段左の二重枠のマスが答えの四字熟語）

【チェック表】

1	2	3
4	5	6
7	8	9
10	11	12
13		

応募方法

下のQRコードまたは104ページからご応募ください。

◎正解者のなかから抽選で右の「**uni-ball one 0.5㎜ボール　黒**」をプレゼントいたします。

◎当選者の発表は本誌2023年６月号誌上の予定です。

◎**応募締切日　2023年２月15日**

今月のプレゼント！

「記憶に残りやすい文字」が書けるボールペン

10名さまに

「uni-ball one」（三菱鉛筆）は、鮮やかに発色するゲルインクボールペンです。とくに、黒インクは黒い紙に文字を書いてもはっきりと見えるほど。認知心理学の実験では「濃く黒い文字」は印象に残りやすいという結果が出ているそうで、暗記用のノート作りなどにぴったりです。今回は10名様に、「uni-ball one　0.5㎜ボール　黒」をプレゼントします。

10月号の答えと解説

解答 ア，カ

10月号の問題

天国（heaven）と地獄（hell）のように、下のアミダをたどって8組すべてが対義語のペアになるようにするには、ア～カの6本の縦線のうち、2本の線をつけ加える必要があります。どの線とどの線をつけ加えればよいでしょうか？　その記号を答えてください。

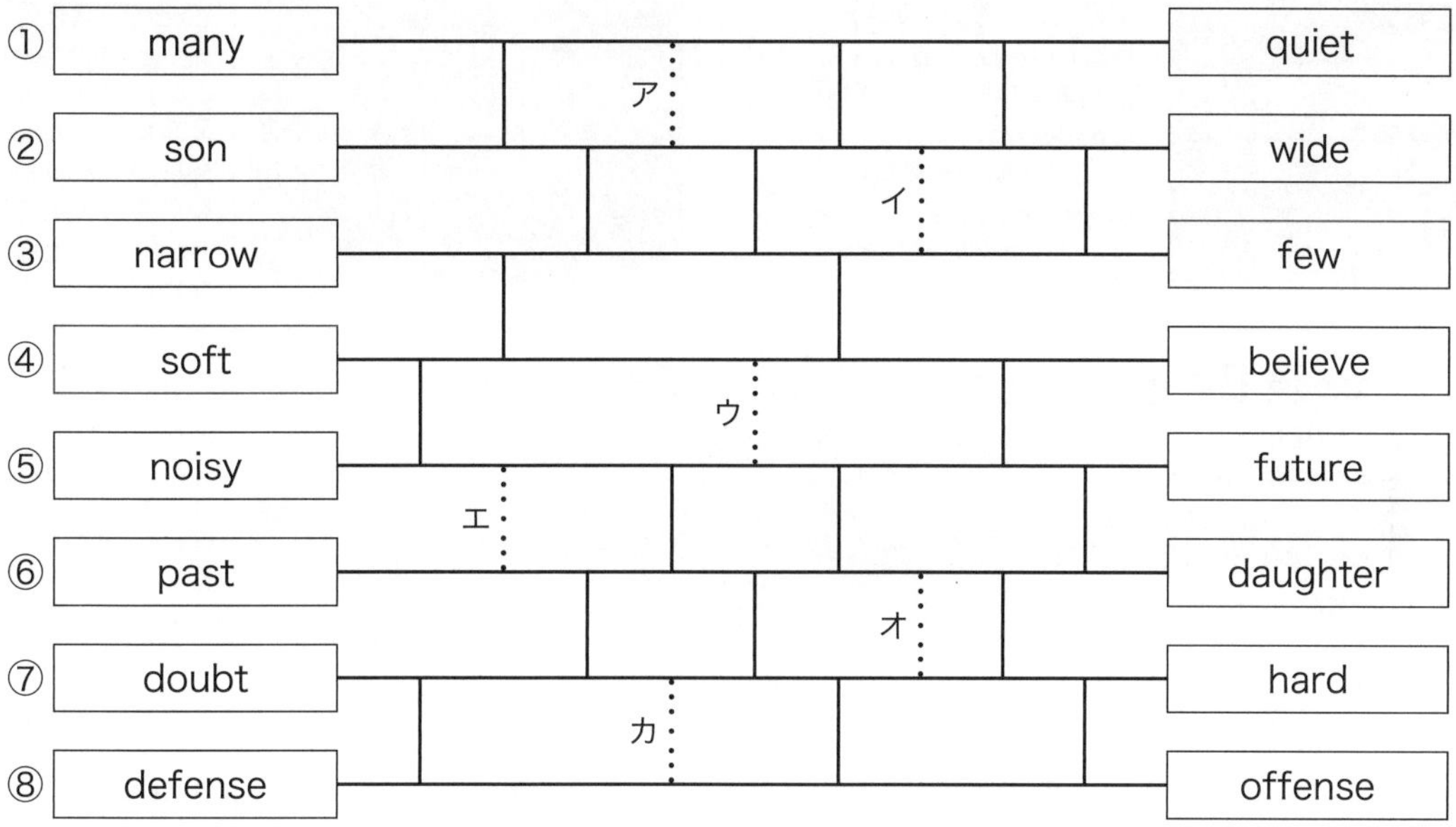

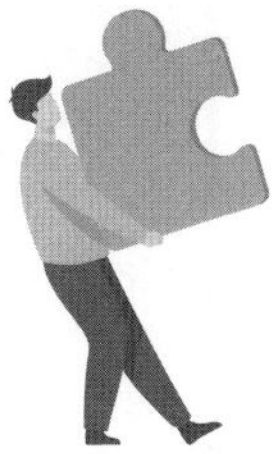

解説

8組の対義語のペアを作ると、次のようになります。

① many（たくさん）⇔ few（少し）
② son（息子）⇔ daughter（娘）
③ narrow（幅の狭い）⇔ wide（幅の広い）
④ soft（柔らかい）⇔ hard（硬い）
⑤ noisy（うるさい）⇔ quiet（静かな）
⑥ past（過去）⇔ future（未来）
⑦ doubt（疑う）⇔ believe（信じる）
⑧ defense（防御）⇔ offense（攻撃）

問題のアミダでは、②のsonがquietに、⑤のnoisyがdaughterにつながっていますから、この2つの線の行き先を入れ替えればよいことになります。したがって、「ア」をつけ加えれば正しく結ばれることになります。同様に、⑥のpastがbelieveに、⑦のdoubtがfutureにつながっていますから、この2つの線の行き先を入れ替えるために縦線をつけ加える必要があります。「カ」の線を選べば正しく結ばれることになります。

10月号パズル当選者（全応募者41名）

荒川 美桜さん（小6・千葉県）　山田 悠斗さん（中2・神奈川県）
島野 鈴也さん（中1・東京都）

夢が広がる高校選びの情報満載!

Success15

バックナンバー好評発売中!

2022年 12月号

いよいよ始まる
東京都中学校
英語スピーキングテスト

Special School Selection
渋谷教育学園幕張高等学校

公立高校WATCHING
東京都立青山高等学校

研究室にズームイン
東京大学先端科学技術研究センター
西成活裕教授

2022年 10月号

知って得する模試と偏差値
模擬試験を活用して
合格への道を切りひらく

利用者の利便性を高めるために
これからも進化し続ける
交通系ICカード

Special School Selection
東京学芸大学附属高等学校

公立高校WATCHING
東京都立八王子東高等学校

2022年 8月号

学校を知る第1歩
学校説明会に行こう!

Special School Selection
お茶の水女子大学附属高等学校

研究室にズームイン
東京海洋大学 茂木正人教授

私立高校WATCHING
成蹊高等学校

2022年 6月号

志望校探し
自分に合った高校を選ぶには

日々の暮らしを彩る
陶磁器の世界にご招待!

Special School Selection
東京都立国立高等学校

高校WATCHING
青山学院高等部
神奈川県立厚木高等学校

2022年 4月号

高校受験生のこの1年
どう過ごすかを考える

テクノロジーで大きく進歩
私たちの生活を支える「物流」

Special School Selection
筑波大学附属駒場高等学校

高校WATCHING
昭和学院秀英高等学校
埼玉県立川越女子高等学校

2022年 2月号

本番で実力を発揮できる
強さを作ろう

「時計」の世界

Special School Selection
開成高等学校

私立高校WATCHING
中央大学附属高等学校

2021年 12月号

スピーキング重視時代

「withコロナ入試」再び

身近になったVR

Special School Selection
東京都立西高等学校

私立高校WATCHING
明治大学付属中野高等学校

2021年 10月号

まずは公立高校か私立高校か?

自動運転バスがかなえる
自由な移動

Special School Selection
早稲田大学本庄高等学院

公立高校WATCHING
東京都立立川高等学校

2021年 8月号

まず学校説明会に
参加しよう!

知られざる「緑化」の効果

Special School Selection
東京都立戸山高等学校

私立高校WATCHING
桐朋高等学校

2022年 夏・増刊号

中学生だからこそ知ってほしい
2025年から変わる大学入試

色の変化に注目
なぜなに科学実験室

神奈川・埼玉の公立トップ校
高い大学合格実績をあげる
その教育に迫る
神奈川県立横浜翠嵐高等学校
埼玉県立浦和高等学校

2022年 秋・増刊号

「変わる大学」に備えよう!
いよいよ見えた! 大学新時代

盛りだくさんの独自プログラムで
将来につながる力が身につく
私立4校の魅力とは!?
市川高等学校
栄東高等学校
城北高等学校
桐朋高等学校

これより以前のバックナンバーはホームページでご覧いただけます(https://www.g-ap.com/)

バックナンバーはAmazonもしくは富士山マガジンサービスにてお求めください。

夢が広がる高校選びの情報満載！

Success15 2月号

表紙：早稲田大学高等学院

FROM EDITORS 編集室から

受験生のみなさんは入試本番までもう少しですね。志望校合格に向けて、受験勉強にもますます力が入っていることと思います。今回の特集はそんなみなさんにぜひ、ご一読いただきたい、当日の緊張を乗りきるための「ポジティブ大作戦」です。本番で実力を発揮するための心がまえの参考にしてみてください。

ほかにも、「東大生リトの とリトめのない話」では直前期の過ごし方を、「受験生のための明日へのトビラ」では2023年度入試についての最新情報など、この時期に役立つ情報をたくさんお届けしています。みなさんがいままでの努力の成果を100%発揮して、悔いの残らない高校受験になるよう、応援しています！（H）

Next Issue 4月号

Special

高校に進んだら 理系、文系、あなたはどうする？

雲の不思議に迫る

Special School Selection

私立高校WATCHING

公立高校WATCHING

突撃スクールレポート

ワクワクドキドキ 熱中部活動

※特集内容および掲載校は変更されることがあります。

Information

『サクセス15』は全国の書店にてお買い求めいただけますが、万が一、書店店頭に見当たらない場合は、書店にてご注文いただくか、弊社販売部、もしくはホームページ（104ページ下記参照）よりご注文ください。送料弊社負担にてお送りします。定期購読をご希望いただく場合も、上記と同様の方法でご連絡ください。

Opinion, Impression & ETC

本誌をお読みになられてのご感想・ご意見・ご提言などがありましたら、104ページ下記のあて先より、ぜひ当編集室までお声をお寄せください。また、「こんな記事が読みたい」というご要望や、「こういうときはどうしたらいいの」といったご質問などもお待ちしております。今後の参考にさせていただきますので、よろしくお願いいたします。

サクセス編集室 お問い合わせ先

TEL：03-5939-7928　FAX：03-3253-5945

今後の発行予定

3月15日	8月15日
4月号	夏・増刊号
5月17日	9月15日
6月号	10月号
7月18日	10月15日
8月号	秋・増刊号

FAX送信用紙

※封書での郵送時にもコピーしてご使用ください。

100ページ「漢字ボナンザグラム」の答え

氏名

学年

住所（〒　　　－　　　）

電話番号

（　　　　　）

現在、塾に

通っている　・　通っていない

通っている場合

塾名

（校舎名　　　　　）

面白かった記事には○を、つまらなかった記事には×をそれぞれ３つずつ（　　）内にご記入ください。

（　）04 Special School Selection 早稲田大学高等学院
（　）11 研究室にズームイン 鳥取大学乾燥地研究センター 山中典和教授
（　）18 私立高校WATCHING 中央大学高等学校
（　）22 公立高校WATCHING 埼玉県立浦和第一女子高等学校
（　）26 ワクワクドキドキ　熱中部活動 青稜高等学校　自然科学部
（　）30 突撃スクールレポート 成城学園高等学校
（　）32 さあ来い！ 入試 ポジティブ大作戦
（　）36 受験生のための明日へのトビラ
（　）38 首都圏私立高校入試展望2023
（　）41 首都圏公立高校入試展望2023
（　）46 スクペディア かえつ有明高等学校
（　）47 スクペディア 武蔵野大学附属千代田高等学院
（　）48 スクペディア 桐蔭学園高等学校
（　）49 スクペディア 明治学院東村山高等学校
（　）50 知って得するお役立ちアドバイス！
（　）52 レッツトライ！　入試問題
（　）56 帰国生が活躍する学校 市川高等学校
（　）58 中学生の未来のために！ 大学入試ここがポイント
（　）60 東大入試突破への現代文の習慣
（　）64 大学受験も、やっぱり早稲田アカデミー
（　）68 東大生リトの とリトめのない話
（　）70 キャンパスデイズ十人十色
（　）73 耳よりツブより情報とどきたて
（　）74 マナビー先生の最先端科学ナビ
（　）81 for中学生 らくらくプログラミング
（　）82 なぜなに科学実験室
（　）86 中学生のための経済学
（　）88 淡路雅夫の中学生の味方になる子育て 楽しむ 伸びる 育つ
（　）89 ピックアップニュース！
（　）90 思わずだれかに話したくなる 名字の豆知識
（　）92 ミステリーハンターQの タイムスリップ歴史塾
（　）93 サクセス印のなるほどコラム
（　）94 中学生でもわかる 高校数学のススメ
（　）98 Success Book Review
（　）100 解いてすっきり パズルでひといき

FAX.03-3253-5945

FAX番号をお間違えのないようお確かめください

サクセス15の感想

高校受験ガイドブック2023 ② Success15

発　行：2023年１月18日 初版第一刷発行
発行所：株式会社グローバル教育出版　〒101-0047 東京都千代田区内神田2-4-2 一広グローバルビル3F
ＴＥＬ：03-3253-5944
ＦＡＸ：03-3253-5945
Ｈ　Ｐ：https://success.waseda-ac.net/
e-mail：success15@g-ap.com

郵便振替口座番号：00130-3-779535
編　集：サクセス編集室
編集協力：株式会社 早稲田アカデミー

【個人情報利用目的】ご記入いただいた個人情報は、プレゼントの発送およびアンケート調査の結果集計に利用させていただきます。